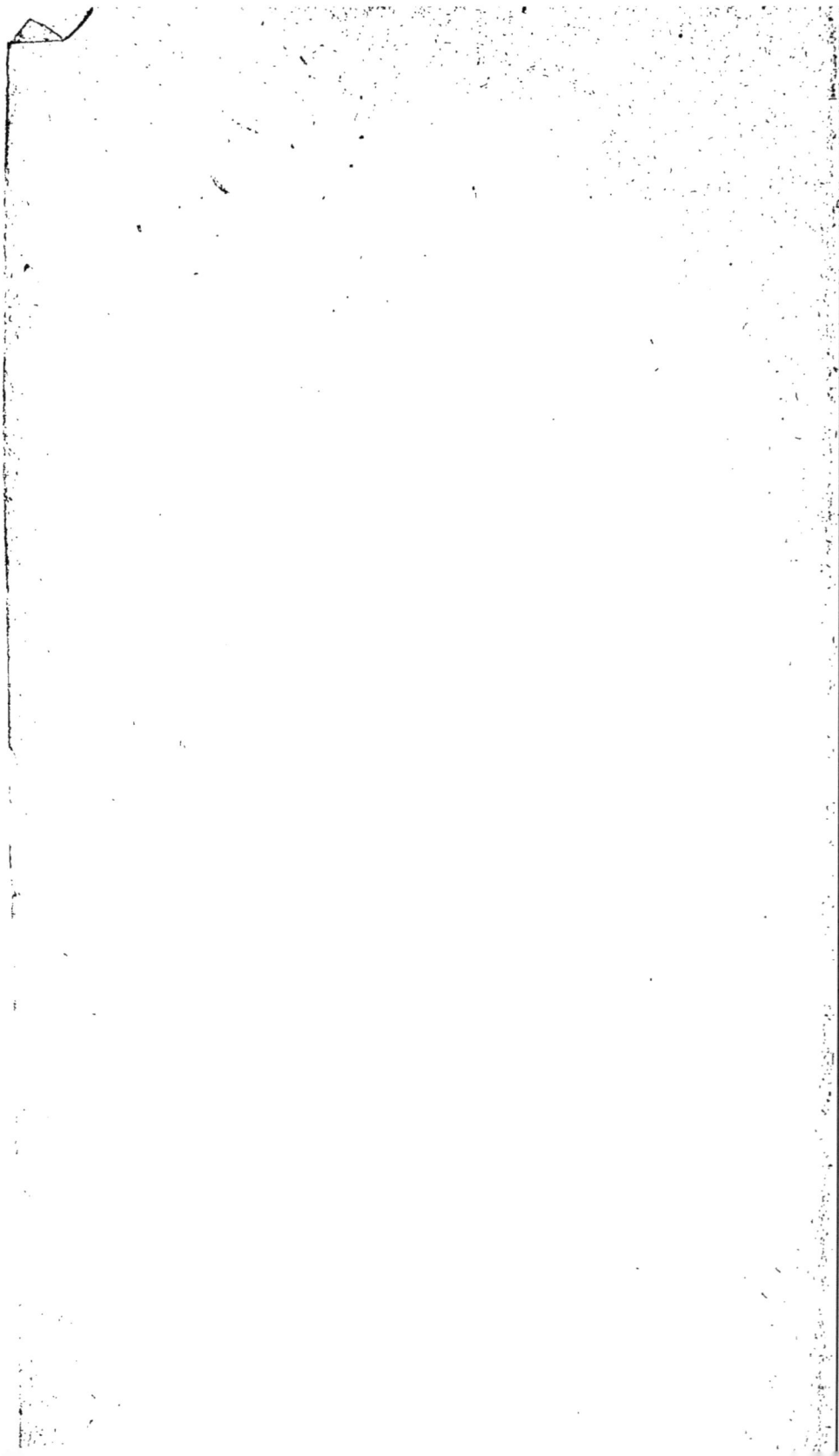

POÊLE PLAINTIF,

OU

CONSEILS D'UN JARDINIER,

PARTISAN DU BON ORDRE;

PAR GENETIER.

PARIS,

CHEZ L'AUTEUR, BARRIÈRE DE L'ÉTOILE,
Hôtel de l'Étoile;

ET CHEZ LES MARCHANDS DE NOUVEAUTÉS.

1840.

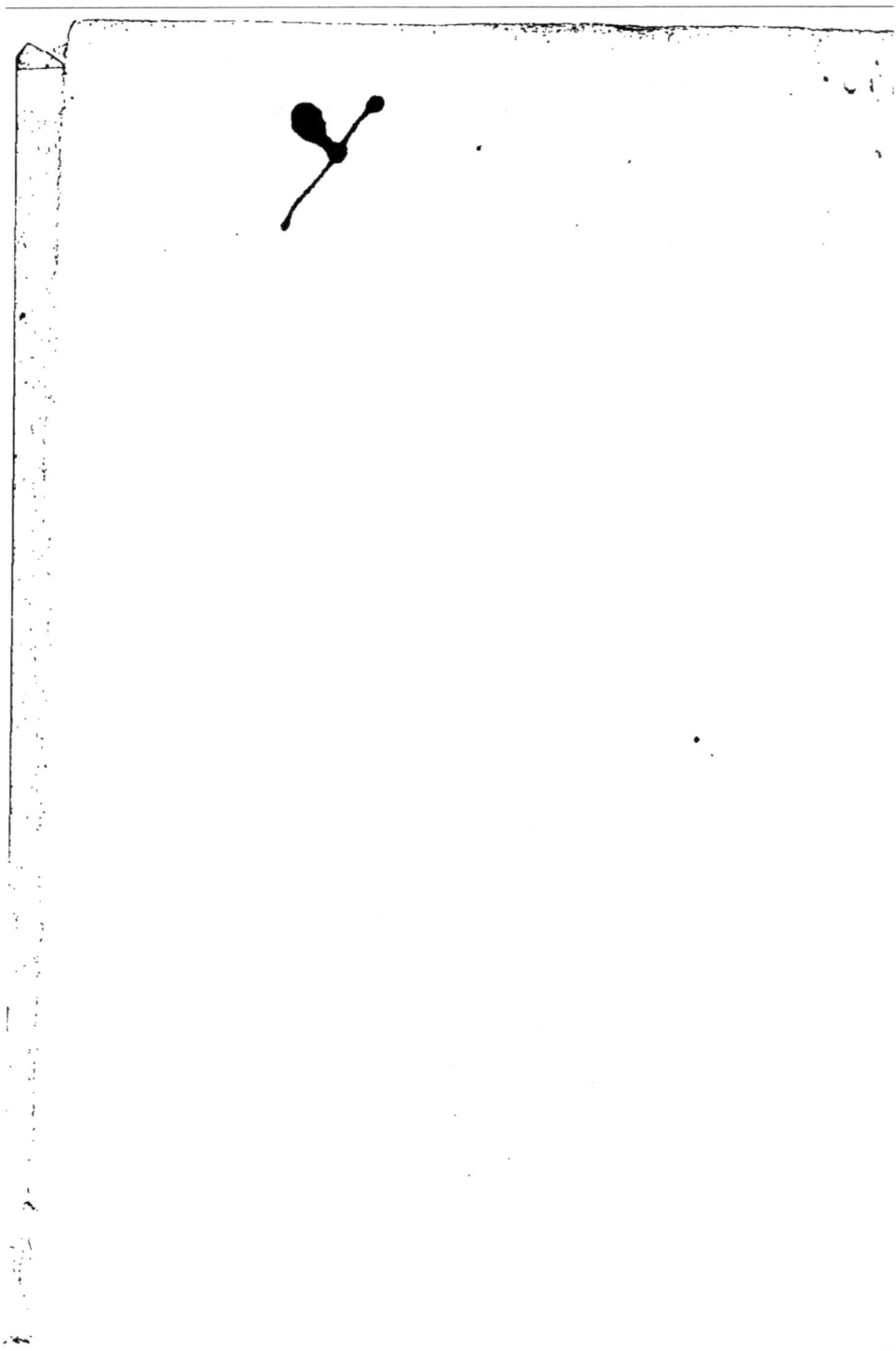

CONSEILS

D'UN

JARDINIER,

PARTISAN DU BON ORDRE.

PARIS.—IMPRIMERIE DE STAHL,
33, quai Napoléon.

POÊME PLAINTIF,

ou

CONSEILS

D'UN JARDINIER,

PARTISAN DU BON ORDRE.

PAR GENETIER.

PARIS,

CHEZ L'AUTEUR, BARRIÈRE DE L'ÉTOILE,

Hôtel de l'Etoile;

ET CHEZ LES MARCHANDS DE NOUVEAUTÉS.

1840.

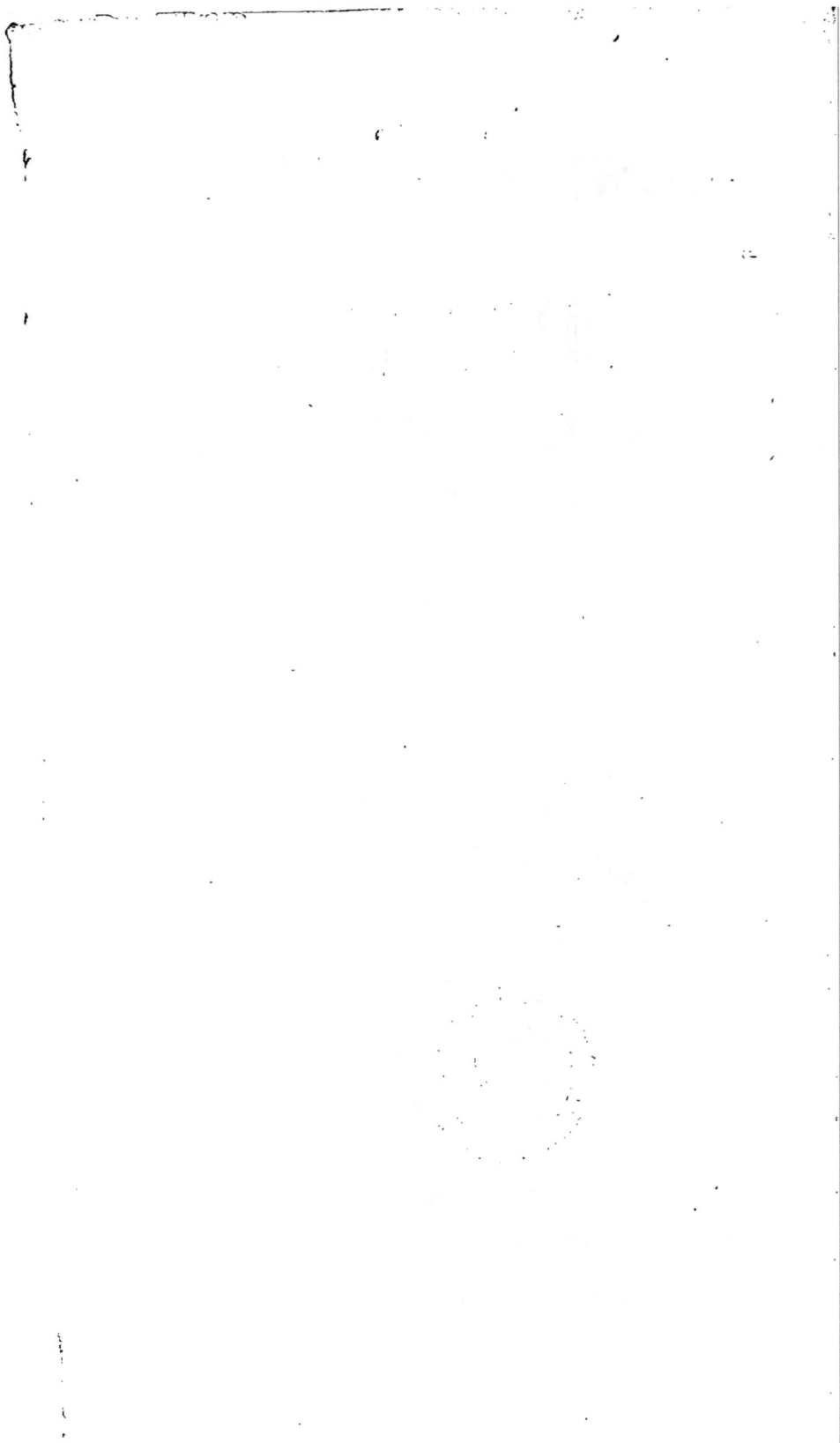

CONSEILS

D'UN

JARDINIER,

PARTISAN DU BON ORDRE.

———◦——

De Flore obéissons à tout commandement,
Faisons-lui des chansons, chantons rapidement ;
Si l'on veut l'enrichir des biens de la culture,
Combien l'on doit courir étudier la Nature.
J'apprendrai à connaître un jardin dans les airs,
A braver la tempête au milieu des éclairs ;
Je dirai comment l'homme estime son langage,
Dans les fleurs, les ruisseaux, le gazon, le bocage.
Saisissez, en lisant, ce que c'est que la loi,
Vous verrez comme en France on peut nourrir un roi
Qui chante le bonheur, quand le peuple s'y leurre,
Je ne peux vous parler de tout ce que j'effleure.
Heureux si vous pouvez apprendre dans mes chants,
La culture au bourbier des sols les plus méchants,
Si des bibliomanes j'ai la raillerie,
Tête à tête au bibus attendons l'industrie.
J'avertis le lecteur que, dans un cabinet,
Je ne suis pas savant, je ne suis qu'un genêt.
Bonheur aux habitants qui auront des routines
De cultiver les champs, les vallons, les collines ;
Ils pourront aisément, si je dis par ma voix,
Vivre tous sans tourment, par ce que j'entrevois.

1

De vous le mettre au jour j'en ai la fantaisie,
Mais des rois je crains trop sur nous la jalousie ;
Car l'on sait qu'un despote bien organisé,
Veut l'homme malheureux pour le fanatiser.
Quand l'aurore vermeil aux yeux vient pétiller,
Belle Flore sommeille et l'attend pour briller ;
Elle veut se montrer, elle attend sa lumière,
Elle dit : du danger fermons notre barrière.
Faisons-la conspirer sur l'aigreur qui s'étend,
Elle vient pour régner ; tout son peuple l'attend.
Et l'homme en infamie ébranle son empire,
Invitons ses amis d'éviter tout vampire ;
Vous qui désirez de connaître l'erreur,
De chez elle chassez la maudite terreur ;
Mes passions l'admiraient dès ma plus tendre enfance
Faisons-la respecter, prenons bien sa défense :
Tant d'hommes comme moi désirent dès longtemps
De lui rendre ses droits c'est donc moi qu'on attend.
Je m'occupe sans cesse à chercher une hache,
Pour couper la finesse où la ruse se cache.
Mais je ne peux pas seul vous mettre tout au jour,
Je demande en secret l'union pour toujour ;
Il faut que parmi nous tout chacun s'intéresse
A éloigner des yeux la plus fausse caresse.
Le miroir est présent ! peut-on s'en irriter ?
La science nous attend, sachons la mériter.
Le bonheur attendu ne paraît pas encore,
On le croyait perdu, je vais le faire éclore ;
Mais que la vérité vienne dire aujourd'hui :
L'estime doit régner, le secours et l'appui.
Si, chez nous l'homme honnête se mire au plus vîte,
Il se rendra peut-être digne de mérite.
Donnons donc la lumière à des yeux non couverts,
A l'envi à bien faire, aux esprits plus ouverts ;

Que l'ouvrier adroit, dans son travail champêtre
Qui garde ses talents, sans vouloir les remettre,
Fasse naître aujourd'hui parmi nous le bonheur,
Et par un bon appui détourner le rôdeur ;
Pour tout homme de goût la science veut descendre,
Écrivons pour toujours le bonheur sans attendre.
Bien, de subordonner quelque compilateur,
Mais faut abandonner tout faux législateur ;
Sachons donc bien fonder la lutte intéressante ;
Que chez nous l'opinion soit toujours bienfaisante
Pour proser la valeur d'un faible document;
Craignant les rapineurs, je dis en argument ;
De fuir au loin de nous tous les auteurs de crimes.
Fais connaître leurs tours, connaisseur de victimes,
Ha! craignons d'approcher de l'homme astucieux,
Dont le génie du mal est si pernicieux ;
Invitez avec vous l'homme franc estimable,
L'honnêteté surtout, est-elle véritable ?
D'un regard ombragé, menacer de son œil,
Sachez vous éloigner toujours de son accueil.
Repoussons l'homme faux, laissons les despotistes,
Et soyons tous d'accords en vrais mutualistes ;
Car en suivant les pas des hommes dangereux,
Il faudrait, sous leurs lois, nous rendre malheureux;
Sachez d'un envieux le masque paraît calme,
Viendrait nous rendre froid pour mieux lancer le
Si la ruse chez lui cherche à nous lutiner, [blâme,
Homme de bon appui sachez l'examiner ;
Il faut donc promptement chasser la jalousie,
Afin, que nullement ne nuise par envie ;
D'un esprit trop flatteur il ne faut pas du tout,
Éloignons la misère et je dirai partout :
La richesse en culture, elle est encore à naître,
Par des chansons moins rudes je le fais connaître

Chantons en périodes, dictons le bonheur,
Si je manque d'école, j'aurai plus d'honneur.
Je mettrai à vos yeux quelques lignes lyriques,
Ceci non fabuleux, toutes sont véridiques ;
En forçant la paresse vîte à nous quitter ;
Le beau jour d'allégresse nous saurons chanter.
Avant que d'éclairer, nous ferons des recherches,
Pour arrêter la faulx, qui passe avant les herses.
Venez, chantons ensemble, en heureux ouvriers,
Prenons bien connaissance de nos usuriers;
Pour aller mélanger l'homme libre, je pense,
Trop souvent un esclave fait fausse apparence.
Nous saurons toujours voir celui qui veut mentir,
Toujours notre devoir sera de l'avertir.
Fleuristes, liez-vous à tous paysagistes,
Élagueurs, treillageurs, et vous pépiniéristes,
Admettons les faucheurs, vignerons, terrassiers,
Connaît le professeur, demasque un financier.
Disons-nous qu'un soldat des travaux se retire,
Que son pain lui est dû auprès de son vampire.
Nous serons ignorants, mais dans les cabinets,
Et par nous couleront les riches robinets.
Ne méprisons personne, au goût de la culture,
Ni l'ouvrier des champs, ni l'homme de peinture;
Chacun a ses talents, chacun a son savoir,
Chacun a son génie, et chacun son pouvoir ;
Mais si parmi nos rangs l'ouvrier se désœuvre,
Un militaire au camp apprendra la manœuvre,
Si le gouvernement ne peut plus les nourrir,
Il ne faut pas pourtant de faim les voir mourir.
Si le troupier travaille ligne droite et courbe,
C'est un malheur de voir les Français dans la bourbe,
Car depuis très longtemps le soleil est bien peu,
Tant d'hommes mécontents d'un siècle si bourbeux

L'été reviendra-t-il repousser ses froidures ?
Combien d'un grand hiver on reçoit de tortures.

Air à faire

Dans la France
L'on commence,
De remuer la bourbe,
Que le peuple, mon Dieu,
S'ennuie à rester si bourbeu ;
Les rivages
Des villages,
Nos jambes moins lourdes,
Demandent le beau temps,
Marchons cultiver le printemps.

Sachons bien par la culture
Expulser de nos climats
La fraîcheur et la froidure,
Sous de malfaisants frimats.
Si le printemps se réveille,
Nous aurons belle saison,
L'hiver cherchera la veille,
A brûler dans toutes les maisons.

Qu'un Lyon dans la soirie
Se rapelle des Caïus,
Où l'hiver, dans sa furie,
Cherchait de les rendre nus.
En Avril on vit les flammes,
Sur le tranquille habitant,
Le froid trop digne de blâme,
Nature, attends le printemps.

La culture est, dans la France,
Ravagée des gros mulots;
Dans les cours, de gros rats lancent
Contre nous leurs grands museaux :
La moisson reste en arrière,
Quand ils sont dans nos hameaux;
Espérons les fourmillières
Mangeront ces animaux.

Foule, sois-donc moissonneuse,
Il est temps de récolter;
La saison très orageuse,
Veut la denrée emporter;
Le froid cherche la soutane,
L'hiver doit être peigné,
L'on voit que tout produit fane,
Pour être non bien soigné.

Dans Paris, sans la glaneuse,
L'on saura bien moissonner,
L'idée en est peu flammeuse;
Les hommes prêts à vanner,
L'ouvrier demande à battre,
L'été vient trop peu souvent,
Sur l'hiver allons combattre,
Mettons les bourbiers au vent.

Gros requin, face vilaine,
Tu regardes l'Africain,
Tu vas, toi et ta baleine,
Partager le sang humain.
Si le printemps, d'un tonnerre
Faisait naître sa valeur,
Dis-moi, requin, sur la terre,
Craindrais-tu cette chaleur?

Des Français, le sort funeste,
Sous les pieds des balefrois,
Par un gros requin terrestre,
Le sang est bu sans effroi;
Les émouchets le dévorent,
Viennent sur lui très mesquins.
Détruisons ces carnivores,
Faisons la chasse aux requins;
    A la chasse,
    Sur la place,
    Caisse Parisienne,
    Invite les grognards
De faire la chasse aux caffards,
    Gare aux villes,
    Vous habiles
    Pêcheurs de baleines;
    Gardez-vous, matelots,
Que le requin soit fait balots.

Le printemps réjouit l'homme,
Va l'éclairer dans les champs,
Le découvre de son dôme,
De ses maux les plus méchants.
L'esclave est, dans sa chaumière,
Qui le repousse en tout temps;
Ne voudrait pas la lumière
Si nécessaire au printemps.

L'été qu'un soleil protège
Fut des bourbiers dessécheur,
Mais son inconnu cortège
Nous attira la fraîcheur,
Et l'homme, par la culture,
Voulait la belle saison,

La froide température
Le fait garder sa maison.

L'automne au triste présage
Épouvante son vieillard,
La noirceur, pour l'avoir sage,
L'aveugle de son brouillard ;
Le froid pour son règne aspire,
L'un contre l'autre lutteur,
Peut-on cesser de maudire
L'hiver partout destructeur ?

L'hiver est un omnivore
Qui ronge la France, hélas !
C'est un carnifrugivore,
C'est le mange péculats,
C'est le sanguin qu'on abhore,
C'est faux, c'est le flatteur,
C'est notre argent qui l'arbore,
C'est un infâme orateur ;
      Oh ! patrie,
      Si pétrie,
   Peuple que j'honore,
Quand est-ce que vos demeures
Existeront, sans assommeurs ?
      Vous, chaumières,
      Les premières
   Que l'on déshonore,
Chassez donc de vos champs,
La fourberie et ses tranchants.

Les saisons que je vous nomme
Se commencent d'un printemps,
Né du courage des hommes,
L'été vient sans contre-temps ;

L'automne a fait la vendange,
Repoussé par un requin,
C'est le grand hiver qui mange,
Le restant du Saint-Crépin,
    Printemps couche
    De la souche,
  La branche inutile,
  L'été fait tout fleurir
Et l'automne tout engourdir.

    A tout vice
    Tout caprice,
  Le peuple est ductile,
  Tous règnes sont bien bons ;
Mais l'hiver est un peu trop long.

Fuyons les émouchets, nuisibles aux travaux,
Mulots et courtillières et requins nouveaux ;
Et pour les reconnaître que chacun s'applique,
Je ne veux, parmi nous, que l'homme de pratique.
Quand je vois réfléchir le plus stupide orgueil,
Se croit déshonoré aux travaux de Montreuil ;
Remarquez-bien chez lui ces modes grimacières,
Sur son front des cheveux retombent en crinières,
Dirai-je les passions des machines fardées,
Qui n'ont d'autre ambition que d'être regardé ?
Il se croit si parfait, qu'il croit voir amoureuse
La femme qui, sur lui, dont la vue est coureuse,
Qui loin de l'admirer, le regarde en dédain ;
C'est un masque animé qui n'est rien qu'un badin,
Voyez de toutes parts regarder cette idole,
Quand il peut sous son fard, le beau sexe s'engole,
L'ignard affirmatif il se croit adoré,
Aux travaux respectifs il se dit honoré,

S'il peut donner faux noms à quelque camarade,
Croit être l'un des bons, prend son humeur gaillarde
Vide esprit sans espoir, un cerveau tout vidé,
Espérer du pouvoir sous un crâne ridé.
D'avarice et d'orgueil, un nom s'immortalise,
Souvent chez l'ouvrier la science se déguise ;
Si l'on mettait au rang, rudement sans pardon,
Un maître bien souvent mangerait du chardon.
Pour une connaissance, l'un voudrait s'attendre,
Les frais de ma pensée un fruit qui peut descendre,
Pourquoi donc à mon maître en donner la valeur?
Moi qui suis ouvrier d'augmenter mon malheur,
L'opinion me défend d'en donner connaissance,
Pour vous je le suspends, homme de bienfaisance!
Et craignons la vengeance des hommes de lois,
Qui coupent la licence en luttant leurs emplois,
En me rendant chez eux si ces notes j'adresse
De faire des heureux, c'est ce qui m'intéresse ;
Dira-t-on de franchir et parler haute-voix,
Quand mon cœur réfléchit, mon esprit entrevoit,
Écrivant quelques mots, vous saurez le comprendre,
Craignant les promis faux, je ne peux vous la ren-
Je devrais aujourd'hui les faire décéder,   [dre.
Ma plume veut l'écrire et me force à céder ;
De vous le publier c'est appaiser ma flamme,
De vous le proclamer ma plume le réclame,
Il s'agit de secours pour être plus heureux,
Renonçons pour toujours l'opulent ténébreux,
Sans connaître la foi ne recevez personne,
Sans connaître à nous voir qu'un secret vous raisonne
Si je cède mes droits, rendez les florissants,
Qu'aux écrits de mes doigts on ne soit meurtrissants,
Que l'on puisse noter un esprit qui varie,
Qu'on ne puisse glisser chez nous la tromperie,

Des écrits sans ma voix, vous sont-ils suffisants ?
Prenez-les, les voilà ; mais soyez bienfaisants,
Vos travaux en caution, sont pour vous responsables
Que l'on fasse mention des hommes repoussables.
Si je peux prononcer mon écrit par ma voix,
Savants, sots et vexés, écoutez à la fois !
Mais nous mettrons dehors de notre bienfaisance,
Qui cherche notre tort, du malheur la naissance.
Appelons la mémoire où la plume a noté,
Pour être sûr et voir le crime répété,
L'insulte prononcée et connue en malice,
Tout confrère insolent doit payer son caprice.
Afin d'intéresser le maître et l'ouvrier,
Sachons, avant recette, le vérifier,
Viens pour prêter l'oreille, bienfaiteur du monde.
Étudier mes leçons et ma plume féconde,
J'écris la vérité, je renie aux romans,
Goûte la qualité sans développement.
Si je manque d'études aux lois de la nature,
Je rirai du critique écrivain sa censure,
Les plus beaux jours d'été sont pour nous revenus,
Aux lois de la planète soyons bien tenus,
Nous devons l'obéir, c'est elle qui commande,
Plus de fers à traîner, acceptons sa demande ;
Je frayerai la route, en coupant les bandeaux,
Je mettrai sous la voute de brillants flambeaux.
Vous qui ne chérissez de goût que la culture,
Si je vous parle ainsi c'est l'ordre de nature,
Je réclame mes goûts sans étude aux saisons
Et quelqu'un d'entre vous connaîtra mes raisons,
Je veux donner mes jours pour le bien populaire,
Aujourd'hui pour toujours qu'on soit sociétaire,
De funeste opinion connaissez le danger,
Sous ces tristes passions n'allez pas vous ranger.

Mieux que prédécesseurs travaillez en prudence,
Que tout cultivateur implore sa clémence;
D'un prodige nouveau servons-nous, il est tems,
Car c'est un lourd fardeau que j'ai depuis long-tems.
Sur nous brille un éclair, la terre attend son ordre,
Avant d'écrire au net arrêtons le désordre,
J'ai lu dans la nature en fermant son étui,
La richesse en culture inconnue aujourd'hui,
J'aurais pu aux ingrats donner la connaissance,
Aux hommes qui déjà sont nés dans l'opulence,
Des grandeurs le bien-être long-temps détenu
Le bonheur des richesses que j'ai retenu,
De nous voir se contentent de notre misère;
Je mettrai au néant la leçon routinière;
Mais si de tous ces hommes je dis les moissons,
Par écrit je vous donne de justes raisons,
Comment les hypocrites tiennent leur langage,
Sous leurs masques trompeurs qui font tant de ravage
Souvent l'esprit flatteur trompe l'homme de goût.
Sans être observateur, il s'entraîne au dégoût.
Des bons secours entre eux coupent la tolérance,
Rien que pour s'enrichir, anéantir la France;
L'un pour faire fortune cherche à défricher.
Il n'aime que sa brune et son colifichet,
Mais la beauté des fleurs nullement l'intéresse,
En soignant les couleurs c'est l'argent qu'il caresse;
L'autre n'a que le blâme pour vous énoncer,
S'il voit la bonne foi, vous la fait renoncer,
Pour mieux faire à son aise la dégarniture,
Voilà les destructeurs des biens de la culture;
Il est vrai que la plume rend l'esprit saillant,
L'ami de la nature observe en travaillant,
Nous pouvons les laisser dans l'avarice extrême
Garder la connaissance en grand soin pour nous-même.

Ils savent bien à table faire estimation,
Mettez tout bien en place en classification.,
Mais si devant leurs yeux des plantes se déguisent,
D'un terme sans rapport aussitôt les baptisent,
D'un nom moins familier, pour se dire malin ,
Il fait tout déclasser pour faire le câlin ;
Oh ! plante bien nommée, un amant des orgies
Est venu blasphémer tes étymologies,
Pour être fils de maître il se croit le plus beau ,
Chez lui, loin que tout naisse,tout va au tombeau,
De parler brusquement il croit d'être agréable,
Mais selon les savants il est peu estimable ;
Je ne vois devant nous que des hommes crieurs,
Tous les jours obéir à nos inférieurs,
Le blâmé, l'insulté, souvent restent timides,
Connaisseurs commandés par des hommes stupides.
Il semble un connaisseur, la canne dans ses mains,
Est son plan de couleur, est son guide chemins ;
Bien souvent en langage c'est lui qui travaille ,
S'il prenait mieux sa place il serait sur la paille.
Pauvre ignoble, dit-il , l'insulté dans son cœur,
Jeunesse de l'école , aujourd'hui sans honneur,
Appelons la mémoire même avant la plume ,
Chassons l'homme d'argent pour lequel il s'allume,
En connaissant le goût qui n'en veut qu'à l'argent,
Reculons-les de nous pour avoir l'indigent ;
Venez, vous qui aimez l'estimable science ,
Le bonheur vous attend quoique dans l'indigence,
De nature un progrès vient de m'être fourni ,
Je dirai, par la plume, comme on l'a terni ;
Oui, au milieu d'un grand cabinet de lecture,
L'on y voit rarement des hommes de culture,
Pourtant souvent l'on voit pour faire des édens,
Le rentier patrimoine a recours aux pédents ;

Puis après, l'écolier voudrait prendre des gaules,
Pour mener l'ouvrier en sortant des écoles;
Des gants couvrent ses doigts, présentent des lavis.
Voyez ce *peccata* causer des pecavis,
Fait d'explorations, commande à sa manière,
Réfléchit aux leçons et croit dans la chimère;
Ils font ruiner nos maîtres quand ils font planter,
Ils ont beau faire, beau se tourmenter,
Faut des littérateurs attendre là les ordres,
L'arbre dans les frimats, la racine en désordre,
Par un homme de lettres ou des pécunieux,
Les travaux sont dressés s'ils sont harmonieux;
Mais, quand la neige à l'arbre vient noyer l'écorce,
Holà! les parasites blâment par amorce.
C'est assez d'esclavage, ami, faut en finir,
Plus de litigieux, faut savoir nous unir;
Laissons donc au plus tôt tous ces vrais égoïstes,
Obéissons plutôt la routine à la piste,   [d'eux,
Nous pouvons par nos bras fort bien nous passer
L'industrie à la fois nous rendra plus heureux:
Pourquoi ne vois-je pas ces dignes connaissances,
Chez tous les routiniers riches de leur naissance
La richesse est, dit-on, pour leurs menus plaisir
La fête baladine occupe leurs loisirs,
Et les fait oublier les dons de la nature,
Dissipe le vrai goût de la belle culture,
S'attache seulement sur ce qu'on lui transmet,
Par divertissement bientôt le tout s'omet;
C'est pourquoi nous voyons celui qui fait ses classes,
Qui force la nature ignorant de ses traces,
Reçoit de l'indigent tout ce qu'il méconnaît,
Seule à son opulence il doit ce qu'il connaît,
Ignore en artifice à vaincre la froidure,
Prodigue son argent pour avoir la verdure

Voyez, dans la culture où le froid vient rôder?
C'est la température qui vient marauder,
Des hommes d'aujourd'hui mettent en épisode,
Plantes près des conduits défendus par l'eau chaude,
Méthode nous donnant la plus douce chaleur,
Des végétaux brillants prennent belle couleur.
Un système annoncé pour le profit des villes
Viendra fertiliser les agréments utiles,
Ne forçons donc jamais la nature à grands frais,
Des soins dispendieux sachons les engouffrer,
La nature a des lois; l'effet de sa puissance
Veut soumettre à nos bras sa noble obéissance;
Elle veut obéir, elle vient demander
Du goût pour l'embellir, des soins pour la guider.
Si nous estimons Flore ainsi que sa vaillance,
Protégeons son royaume par la surveillance,
L'enclin d'argent qu'un père a rendu jardinier,
Doit vivre solitaire en ingrat routinier,
Laissons-le tristement dans son amour bizarre,
Qu'il travaille en ingrat et cultive en avare,
Un tel homme est funeste ignore à mériter,
Afin qu'on lui empêche à nous déshériter,
Nous saurons le laisser dans sa grande ignorance,
Et que l'avidité disperse l'opulence;
Qu'il admire des yeux ces végétaux touffus,
Ces élus raboteux, tout triste, tout confus:
Quatre murs élevés pour étouffer ces plantes,
L'on voit privées du jour toutes ces fleurs naissantes;
Les végétaux brillants qui devraient être verts,
Sont blancs sous les panneaux à la fin des hivers,
Exhalé d'un fumier dépouille le costume,
Quand d'un air est privé dissippe l'amertume,
Les soins dispendieux les font donner des fleurs,
Font perdre leurs vertus et brillantes couleurs;

La tête élancée, ainsi dénaturée,
D'une main ignorante elle est décolorée ;
Des beautés ravissantes pour garder l'odeur,
Les coloris demandent des frais l'éludeur.
Dans un triste cachot vous êtes prisonnières,
Pourquoi n'est-il pas chaud sans priver vos lumières?
Sortez ces paillassons qui couvrent les panneaux,
Je ne veux ni fumier, ni paillis, ni fourneaux,
La terre amoncelée où les plantes s'affligent,
Nous rend d'humidité et les grasses se figent,
Plus de cette tannée appauvrie de secours ;
Le bitume a montré d'autres meilleurs recours,
D'une tige fleurie une hempe uniflore,
L'humidité sourit lorsqu'elle décolore ;
Quittons ses brassements au profit des verriers,
Sortons ces pauvres plantes des tristes terriers,
Les ligneux rabougris, les hempes trop montées,
La feuille s'est blanchie et les fleurs avortées.
Par l'ingrat, gauchement d'argent voluptueux,
Prenons plus simplement des soins plus fructueux ;
D'un pailli défenseur une fleur s'acumine,
Son pistil amoureux ne veut plus l'étamine,
Les mets et la parure en un débilement,
Tout reste sans verdure misérablement,
Devons-nous les laisser dans un état si triste?
Surprenons l'amateur, le plus savant chimiste,
Végétaux que j'estime, pris dans des fourreaux,
Sortez de vos abîmes, quittez vos bourreaux
De vos têtes altières, mes passions prochaines,
D'embellir vos couleurs et de briser vos chaînes ;
Par ce riche prodige, aux cactus si charmants,
J'assainirai la tige aux serres d'ornements,
Géranier transporté dedans ce lieu sinistre,
Sa feuille est déprimée, il est pâle, il est triste,

Ces fibres, ces rameaux dans un étiolement,
La fiction et nos maux feront cautionnement ;
Délicieux ananas, de ton fruit si utile,
Qu'un prodige rendra plus brillant, plus fertile,
Tu deviendras l'appui du nom litigieux, .
Tant tu seras grossi des soins prodigieux ;
Faut en un mot que tout végétal se cultive,
En changeant de travaux la trace primitive ;
Qu'un paillasson perfide ne l'étouffe plus,
Sortez-moi ces paillis et ces feux superflus,
Placez les végétaux dans des lieux plus propices,
Un endroit toujours chaud fera des bénéfices ;
Apprenez, botanistes, à vous occuper,
Lisez bien attentifs et sachez profiter,
Tirez-les du néant, que chacun s'imagine,
Si l'on peut dans mes flancs déterrer l'origine ;
Attendez le prodige délibérateur,
Oui, ce sont mes amis, j'en serai l'orateur,
Décaptivons la France au bonheur populaire,
Augmentons l'opulence du propriétaire.

Quand je vois ces chimistes porter de l'aimant
Dans les plaines de vignes pour fuir au tourment,
C'est bien, sans contredit, le bon propriétaire,
Qui se rend aujourd'hui la dupe volontaire ;
L'un court sur la montagne et fait la guerre au ciel,
Le patient dans la plaine attend l'artificiel,
Il plante çà et là des sapins gigantesques,
L'opulence prend foi aux esprits romanesques.
La science aujourd'hui vient pour s'épanouir,
Profitons, il est temps, et sans nous éblouir,
Pour donner du bon fruit attendons d'autres marches,
Sans beaucoup de grands frais, sans beaucoup de démarches,
Hâtons-nous, il est temps, de nous rendre lutteurs,
Et sortons de nos champs ces vents gladiateurs ;

2

La récôlte enlevée des mains laborieuses, .
La foudre et la tempête sont victorieuses ;
Si la souche a vaincu la rigueur des frimats,
La grêle usurpatrice fera ses dégâts ;
Le maudit ouragan, la tempête cruelle,
Descendent brusquement la montagne infidelle,
La nature en vengeance anéantit les fleurs,
Le tonnerre arogant fait trembler dans des pleurs.
L'audacieux rocher vous vomit des nuages,
Le ciel est tourmenté, faut souffrir ses ravages ;
De ces lieux ténébreux de ces monts inégaux,
Un vent impétueux y va pomper des eaux,
Vous envoie en courrier la nuée orageuse
Et la fait seconder à sa sœur ravageuse,
Le tonnerre envieux dans ses bruits turbulents,
Laisse de pluvieux nuages ambulants ;
Après les ouragans et l'éclat de la foudre,
Aux grapillons pendants faut encore y résoudre.
Que le maître du jour, aux rayons séducteurs,
Échauffe la chenille et les vers destructeurs,
Enveloppe la baie et l'empêche de naître,
Pour la faire couler on la voit disparaître,
Et ces tristes brouillards arrivent doucement,
Aux vendanges séjourne, augmente le tourment,
Aux vallons, aux collines son effet funeste,
Sans vous faire frémir, il consume le reste ;
La nature aujourd'hui a besoin de nos bras,
Combattons la tempête et ses tristes fracas,
Armons-nous, il ne faut ni des vœux ni prières,
Que pour diminuer les passions meurtrières ;
Croyance vous fait dire que ce lucifer,
Qui retombe en délire en sortant de l'enfer,
Qu'un tout-puissant le rend maître de la nature
t le fait ravager les trésors en culture ;

Renoncons, il est temps, à ces mots fabuleux,
La franchise vous rend beaucoup moins malheureux
Ignorez la vengeance barbare et terrible,
Non, l'amant de notre âme ne nous est pas horrible ;
Dites qu'un tout-puissant du peuple bien-aimé
Ne peut plus détourner un orage animé,
Si l'astre en rayonnant découvre sa puissance,
Nous montre bien la force de son influence,
Élève un tourbillon, pompe l'eau dans les airs,
Du haut de ses vallons, prépare ses éclairs.
J'entends, je l'aperçois, je vois qu'il va descendre,
Travaillons, il est tems, nous pouvons nous défendre.
Vite arrêtons la noce à ce monstre courrier,
Soudain j'entre à la forge et je suis l'armurier ;
La nature se rend, notre main la féconde,
Profitons de nos jours que les bienfaits secondent ;
Portons aux champs dorés d'admirables secours,
Du feu brûlant d'été nous prendrons les détours,
Le ciel à sa vengeance arme le créateur,
Se montre aux habitants d'un tonnerre orateur,
Croyant d'être heureux laissent tout volontaire,
La fraîcheur, la froidure, un temps insalutaire ;
A tous ces contre-temps mettons donc des arrêts,
Sortons donc, il est temps, la fange des marais,
Chassez de vos terrains ces funestes oracles,
Aux vignes et aux champs portez donc des obstacles,
Si les emporte-pièces viennent éminents,
Contre les malfaiteurs soyons prédominents ;
Si chacun s'aperçoit de notre indifférence,
Le plus sot villageois quittera l'ignorance ;
Quand on saura connaître comme on a menti,
La vérité dira : mensonge anéanti.
Si mon progrès fertile, où j'ai reçu naissance,
Montreuil, étends ta vue à cette connaissance ;

Vous pouvez dans vos sols avoir de ces flacons,
Des plus délicieuses qualités des Mâcons,
La terre a le pouvoir et le sol est propice
Et les souches sont là en culture factice ;
Débarrasse ta cave, avide vigneron,
Je veux briser l'entrave au plus grand biberon.
Abondante récolte, trésor de lumière,
Si je vais à leur porte étendre la bannière,
Si l'habitant soigneur droitement la conduit,
Il faut entièrement qu'un poison soit détruit.
Pour donner de bons soins pendant la sécheresse,
Faut encore du goût, la routine et l'adresse,
Pour avoir en août de tout printemps frileux,
Le nectar aussi doux, la liqueur à nos yeux,
Et pouvoir bien garder la grappe toujours belle,
La conserver sur pied au temps le plus rebelle ;
Et vous dont l'argent seul occupe les désirs,
De vos vide-bouteilles gardez les plaisirs,
Pour vous c'est un trésor que je sors de l'écosse,
Si toutefois ma mort n'est pas pour vous précoce.
Aimables paysans, pour être défenseurs,
Donnez bien des talents à tous vos successeurs ;
Prenez-les au néant, rendez-leur la culture,
Faites leur temps en temps la leçon d'écriture ;
Mais quand ils sont mal nés, comment les radoucir,
Tous vos coups de bâton ne les font qu'abrutir ;
Car pour les corriger c'est l'astuce à rabattre,
C'est le crime à changer, la nature à combattre ;
C'est pour votre mémoire une étude à forger,
De vices dominants ce cœur à dégorger ;
Dans les bras des huissiers n'allez jamais les rendre ;
Mais qu'à tous les fripons ils puissent se défendre.
Un juge voit venir un jeune freluquet,
L'ami de la nature est moins qu'un perruquier.

Vous voyant ouvrier, tout le monde vous blâme.
De vous votre adversaire obtient ce qu'il reclame;
Sachez donc par la plume aussi vous élever
Et vous aurez fortune facile à trouver ;
Mais que tous vos talents soient mis en bon usage,
Aimez plutôt les champs qu'à voler par langage ;
Sachez utiliser vos plaisirs, vos travaux,
Chaque jour vous verrez des procédés nouveaux ;
Que tout cultivateur, ayant la vue ouverte,
Puisse tirer partie de toute découverte ;
Un maître pour l'avoir promet coalition,
Et pour se faire voir prend l'exposition,
Se dépèche à l'écrire et le porte à la lutte,
L'ayant fait parvenir, aussitot vous rebutte.
Que dit-on d'un esprit qui cherche à s'enflammer?
Quoi ! tu es indigent et tu veux reclamer ?
Profitons des talents que nature nous donne,
Qu'un simple paysan jamais ne l'abandonne ?
Venez, cultivateurs apprendre à découvrir,
Et que sur vérité vos yeux puissent s'ouvrir.
Ne fortunez jamais l'homme si en arrière,
Vaut-il pas mieux le rendre à la classe ouvrière ?
Avant que de donner à l'esprit de corbeau,
Préférez l'emporter avec vous au tombeau.
Si le riche préfère avoir une médaille,
Mais l'indigent disait ce n'est pas la mangeaille.
Celui qui connaîtra des nouveaux procédés,
Fera mieux selon moi pour lui de les garder.
Nous pouvons cultiver les plus sèches montagnes,
Prenons des ouvriers choisis dans les campagnes,
Laissons au cabinet tous ces littérateurs,
L'ouvrage est destiné pour les cultivateurs.
Les plus ridés rochers qui refusent aux fougères,
Allons les cultiver en ombres bocagères.

Rendons à tout argile des ligneux amants,
L'endroit le plus stérile on doit voir l'agrément.
La verdure en ce lieu ne tente que d'éclore,
Des plus âpres rochers pouvez-vous chasser Flore?
La couleur matinale à l'aube séducteur,
Le règne végétal y sera l'instructeur,
Demandons dans ce lieu l'avide du bien être,
Ne cherchons qu'un bonheur à l'école champêtre.
L'on peut avec honneur être ami du bourgeois,
Soulager les douleurs au souffrant villageois.
Levez adroitement quelques monts de feuillages,
Des jardins vassillants sur de vivants treillages.
Donnez-nous l'agrément, pris dans une Cité,
Des jardins dans les airs en une immensité.
Qu'un artifice heureux ressemble la nature,
Par des tyrses de fleurs, colore la bordure.
Venez pour les soigner d'un adroit sécateur,
Détournez le ravage au croissant destructeur;
Laissez vivre les fleurs dans leur verte série,
Que tout soit rallié en forme de prairie.
Et de vos arbrisseaux, qui plus haut ou plus longs
L'ouvrage des ciseaux dressera les vallons ;
Pour qu'ils soient plus heureux dans la grande froi-
A des arbres ligneux demandons la verdure. [dure,
Faites des vers plateaux, alaterne et ciprès;
Végétaux en mélange faites des vert-près.
Des petits prisonniers, fermez aux vertes cages,
Les mettre aux écoliers, apprendra ses langages,
En faisant l'artifice d'un arbre isolé,
Tous ses membres soumis sur son trône immolé.
Dans les ormes ductiles, la taille céléste,
La moiteur est habile à nous rendre modeste.
Des rameaux en murant, placés pour ses desseins,
Me donnent l'agrément des édens des voisins.

J'invoque les travaux de se rendre faciles,
Admirant des rameaux les membranes dociles.
Lombrage hospitalier tempère la fraîcheur,
Dans ses sombres pilliers j'aime d'être marcheur.
Quand leurs bras bienfaiteurs nous prêtent leur mollesse,
Leurs crânes protecteurs balancent leur souplesse ;
Tout peut se mériter dans ce lieu rembruni,
L'esprit vient méditer, le sang est rajeuni.
Des forces végétales, on dessine un parterre,
Par des arrangements l'on se croit sur la terre.
Un massif est ici en brillants arbrisseaux,
Là, un groupe de fleurs, oublié des ciseaux.
En voyant le tableau, l'on dirait la nature,
Un croissant est pinceau pour la seule verdure.
Mais veut-on lui donner une vive couleur,
La serpette viendra suivre le seccateur ;
Point de droite avenue en dégoutant quinconce,
Le bon goût n'en veut plus, les beaux arts les renonce
Venez y admirer la beauté du matin,
La nature étant calme embellit le festin.
Brise entouré dans le frais paysage,
Le jour est avancé, la bergère au rivage,
Éloigné du hameau des chansons en échos,
Et le chant des oiseaux, le murmure des flots ;
Un cœur est en sourire, adorant la verdure,
Un gazon va fleurir, il soumet la nature.
Aux fraîcheurs du zéphir, aux haleines des vents
Mes veines en délire s'abandonnent souvent.
Au milieu des tapis des membranes ligneuses,
Libre à faire fleurir les formes montagneuses,
D'un spectacle animé ennemi des douleurs,
Rien ne peut surpasser les vivantes couleurs,
Je ne peux reculer lorsque je les admire,
Plus j'en approche près, plus leur beauté m'inspire.

La brise dans les feuilles double le festin,
Je respire en douceur le calme du matin,
Le printemps reverdi anime les prairies,
L'été vient s'embaumer dedans les broderies ;
Mes sens se tranquillisent, l'astre dans les cieux,
La rosée il déguise en parfums délicieux.
Cohérent de bon goût, solitude importune,
Des pieux en chantant détruisent l'infortune.
La commune privée au chant ce ses cagnards,
Qui peut vous varier les plaisirs campagnards ?
L'hébété à genoux bat ses dents et ses lèvres :
C'est le rêve, ou le songe, ou l'effet de ses fièvres ?
Non, c'est par les cafards que le vrai s'engloutit,
La lumière au départ d'un cœur anéanti,
Lorsque des troglodytes chantant les oracles
Un acteur en musique dicte des miracles,
Les larmes bien souvent près du prédicateur,
Coulant en gémissant lui gratificateur,
Choisi sur la rangée une amoureuse actrice
Après son Dieu manger satisfait son caprice.
Amis, que dites vous ? moi je crois qu'il nous ment,
Il nous prêche en jaloux, ce n'est pas autrement,
Nous dit de l'éternel la vengeance est prochaine,
Nous défend de peupler pour nous donner des chaîne
Oui, si Dieu aime l'homme un berger son troupeau
La brebis est stérile, il la porte au couteau.

Nous n'avons à faire
Qu'un monde à peupler,
C'est notre carrière
L'ouvrage me plaît,
Nos travaux bénis de Dieu ,
Là, nous mériterons les cieux ;
C'est là tous nos vœux,
Pour plaire au bon Dieu.

Si Dieu nous commande,
Faisons nos devoirs,
Nous devons comprendre
Selon nos pouvoirs;
Nature a dit : pour le mieux,
Mesure ta force en ce lieu, etc.

Dans un monastère,
Dieu n'a pas voulu,
Rendre la bergère
Esclave résolu,
Venez, cœur aimé de Dieu,
Rendez le peuple plus nombreux, etc.

Si rien ne féconde
Chez le bon fermier,
Le premier du monde
Est bientôt le dernier.
Dieu nous dit : pour être heureux,
Peuplez la terre pour le mieux, etc.

Celui qui confesse,
Voudrait tout pour lui,
Dit : c'est par la messe
Que le soleil luit ;
Il va dire à deux amants :
N'aimez plus, faites-en serment;
Saisis le moment d'aimer tendrement. *bis.*

Des bonnes unions cohérent comme vous,
De la religion j'aime les rendez-vous;
Pour beaucoup d'ignorants le bon ordre réclame,
Qu'il nous faut de ces gens qui sont dignes de blâme,
Je regrette mon temps qu'avec eux j'ai perdu,
Sitôt né, mes parents aux menteurs m'ont rendu,

Disant : gagne les cieux en fuyant la taverne,
Moi; l'image est un Dieu, la nature gouverne;
Il faudrait, pour vous plaire, chercher guérison
Dans un triste repaire à l'affreuse prison ;
Demandez au cachot son effet diabolique,
Je chercherai aux champs la vertu historique.
Vous voulez que j'adore l'ouvrage des mains,
Il faudrait que j'honore les géants inhumains ;
Allez dans les palais respecter la dorure,
Laissez-moi dans les champs étudier la nature ;
Sans moi continuez à vos chants nébuleux,
Retenez le cruel à ces mots fabuleux :
A quoi sont-ils utiles ces chants monotones,
Plutôt qu'à nous instruire des choses plus bonnes ;
Des mensonges font naître partialité,
Et bien, moi je préfère la réalité ;
De trois Dieux dans le ciel on nous dit créature,
Ici-bas les trois règnes sont bien la nature ;
Voyez-vous sous sa manche des dupes en pleurs
Espérons, pour la France il renaîtra des fleurs.
L'on lie nos bandeaux, désastreuses nouvelles,
De nocturnes flambeaux falcinent nos cervelles ;
Si de tout ces prévôts le prône est peu suivi,
Disons qu'un troupeau du pasteur est ravi ;
De l'Espagne les lois en songe les apportent,
Ils tentent à nous mettre sandale à la porte,
Lorsque l'autel unit la beauté à l'hymen,
Voudrait la fonction pour lui le lendemain,
Commande son voisin à la monogamie,
Sa voisine il va rendre à la polygamie ;
Si l'on veut que la frime semble vérité,
Il faut que l'on suprime leur virilité,
S'ils étaient les premiers se feraient-ils des bosses,
En venant nous prêter notre viande des noces !

Dans son confessional il sait mystifier,
L'allusion pédéraste veut justifier ;
Ménages bien unis, connaissez leurs dents creuses,
Pour leur être soumis leurs fautes sont nombreuses;
Nos ancêtres plus sages suivaient cette loi ,
L'avide d'esclavage anéantit la foi ;
Loin de nous convertir en des crimes nous plonge ;
Par leurs fautes commises l'on voit leur mensonge,
Malheur à qui le voit abandonner son rang ,
Chez les peuples sans foi l'esclavage est plus grand ;
Chez nos premiers parents parole fabuleuse ,
Dans un homme ignorant la vie est plus heureuse,
L'on sait que la campagne étant sans passion ,
C'est ce qui fait chez eux la récréation ;
Moi-même me soumets à toutes ces bamboches,
Mais je mettrai les pierres dehors de mes poches ,
Et en laissant toujours chacun sa profession ,
Et au peuple annoncer la bonne confession.

      Je découvre mon front
      D'une main sans affront ,
      Ensuite sur le ventre ,
      Si je ments qu'on m'éventre ;
      Je dis à haute voix
      Peu de ce que je vois ;
      La main contre l'épaule ,
      Je regarde le pôle ;
      Je confesse à nos Dieux
      Que l'on peut être mieux
      A leur nouvelle France
      Qui cherche la souffrance ;
      Au peuple tout-puissant,
      A l'homme languissant,
      A la loi et leur plume,
      L'écrit qui nous déplume ;

Aux écrivains hardis,
Qui sont au paradis,
A vous, foule joyeuse,
De bonheur glorieuse,
Que j'ai beaucoup péché
De ne pas empêcher
La tyrannie à naître;
Sur l'ouvrier champêtre
Nous la voyons régner,
Nous nous laissons saigner,
C'est bien de notre faute,
Par notre propre faute et notre grande faute.
C'est pourquoi je supplie
La force et la patrie,
De chasser tout tyran
Qui ne tient pas son rang;
La France n'est plus vierge
Conduite sous le cierge,
C'est tout comme un tendron
Qui cède au biberon;
En perdant ses prémices,
Éprouve les délices;
L'abandon d'un amant
Lui cause le tourment;
Et toi, troupe coureuse,
Sois, de l'ordre, amoureuse,
Et vas dire à tes Dieux
Que l'on peut être mieux,
Donne à la voie publique
L'heureuse république,
Au peuple frémissant,
A l'homme gémissant;
Que tout cela s'accorde
Par ta miséricorde.

Le bonheur voudrait-il
Que tout ainsi soit-il?

Un confesseur de bonne mine,
Sous les toits comme un passereau,
Contre la nature il rumine,
N'est content que dans son bureau;
J'entends sous l'ormeau,
Qui chante sans maux,
Un pâtre soignant ses taureaux;
Je vois au
Champereau
Du hameau
Pastoureau,
Près des pruderies
Aux vertes prairies;
C'est l'honneur,
Le bon cœur,
La grandeur
Des pasteurs,
Qui rendent ces lieux enchanteurs.

C'est la scène rendue et riante et champêtre,
Sur des chênes antiques, les cimes du hêtre,
En verger, en prairie, en côteau, en vallon,
En musée, en usine bâtie en salon;
Dans ces fronts imposant des jardins d'artifices,
Des ligneux courtisans nous font des sacrifices,
Quelques corps élevés pour masquer le timon,
Une tête onduleuse combat l'aquilon,
Quand ce front vénérable prête son hospice,
Des gazons semblent dire qu'il leur est propice,
Les travaux embellis par les amis des arts,
Sans cordeau, sans niveau, tout est fait sans hasard;

Les modes au néant de la vieille habitude,
Des sentiers fleurissants, tordus en multitude,
Élevons dans les airs de champêtres jardins,
Réveillons les douleurs du brute et des badins ;
Près des eaux murmurantes des gazons fleurissent,
Par des pampres de vignes les murs s'en verdissent,
L'on conserve l'audace des murs les plus vieux,
Et d'un riant boccage, on le cache à nos yeux ;
A toute austérité la grandeur prend sa place,
La régularité ne fait qu'une grimace ;
Des arbres dirigés de gradins en gradins,
Nous pouvons les nommer magnifiques jardins ;
Paysages plantés selon cette pratique,
Vous aurez sans grands frais un jardin aérifique ;
Bienheureux l'amateur qui aura su choisir,
L'ouvrier dépenseur des talents, du loisir ;
Ménagez les grands frais par l'adresse des peintres,
En dehors, en dedans, que les sentiers se ceintrent ;
Donnez par la verdure de riches plateaux,
Connaissez la nature peintre des tableaux,
Un seccateur viendra pour visiter la souche,
Et devra vous servir de pinceau de retouche ;
Dessinez des vallons par divers arbrisseaux,
Unissez les gazons à l'aide des ciseaux ;
Sachez vous gouverner en préparant vos toiles,
Que tout soit naturel sous le dôme aux étoiles,
Variez la nature en brillantes couleurs,
Mariez la verdure au langage des fleurs,
Mettez, pour au plus vite élever un jardin,
Végétal d'Amérique apporté par Robin ;
Dans les grandes clairières fraîches ou arides,
Donnez des mouvements, laissez les cantharides,
Et sur des châtaigners élevez des chemins,
Que l'onduleux platane, guidé par vos mains,

Élève sa grandeur, son malfaisant feuillage,
Fasse sur un tapis le dessin d'un nuage
Qui viendra désirer son regard étendu ;
Là , plus l'on est monté , plus l'on est suspendu ;
Sortez de ces tapis , plantes trop sarmenteuses,
Vous ferez en abîme des scènes heureuses ;
Ne vous contentez pas des végétaux flatteurs,
Combattez les tourments , honnêtes amateurs ,
Quand plantes en étude les scènes se changent,
En classes linéennes que plusieurs se rangent ;
Éloignez de mes yeux ces rudesses leçons ,
Un Suédois prend bien mieux l'intérêt des garçons;
Armons-nous de ces guides au pied des montagnes,
Rapportons à l'étude nos fruits des campagnes ,
Goûtons là , dans les fleurs , le plaisir du bonheur,
Au milieu de ces champs , le délice en douceur,
En fixant dans les airs des branches étalées ,
Un groupe , un tapis vert , les contours des allées ,
Mélodie vivante aux miroirs séducteurs,
Les arbres à tous vents se sont rendus lutteurs,

> Élevé dans les airs,
> Au milieu du feuillage ,
> Là je brise mes fers
> Oubliant l'esclavage ;
> Des beaux arbres fleuris,
> La légère verdure ,
> La nature sourit
> Plus beau que la peinture.

AIR : *Sors de ce lieu, ma vieille carabine.*

En descendant , l'allée est sinueuse ,
Quatre bordures couvrent deux ruisseaux ,
C'est mes amantes , ma vie est heureuse,
Voyant fleurir les brillants arbrissaux. *(ter.)*

Qui a fait la peinture de tout ce bocage ?
L'ouvrier, la nature, un soleil en passage ;
Saisissez pour le goût, choisissez l'ouvrier
Et reculez de vous l'écrivain usurier ;
Le laboureur aux champs, le peintre qui dessine,
Tout les deux ignorent s'ils n'ont pas la routine,
Choisissez l'harmonie, arrêtez votre plan,
Travaillez en amis, mais jamais par semblant ;
Des brillants coloris dans les cîmes du hêtre ;
Sur le chêne élevez votre scène champêtre ;
Saisissez un crayon, dessinez pour le mieux,
Consultez le gazon, le payeur et vos yeux,
Donnez lui pour ses goûts de riants paysages ;
Pittoresques, sinistres, rustres ou sauvages ;
Cédez votre papier au peintre laboureur,
Capable à corriger la rudesse et l'erreur ;
Élevez votre allée ou la veutortillante,
Dans les airs élevez promenade vivante ;
Quand vous serez monté aux chemins savoureux,
Que vous aurez rendu les agréments heureux :
Si trop plat, trop rapide, annonce la rudesse,
Montez plus doucement pour marquer votre adresse
Dans des califourchons sur des arbres penchés,
En formant leurs plafonds l'un dans l'autre enman-
Apportez du gravier, apportez des pierrailles, [chés ;
Et semez la joubarbe, au milieu des rocailles :
Beau conduit du génie, artifice des eaux,
Apportez manivelle, apportez des tuyaux ;
Venez, force des vents vous ferez le puisage,
Rigolle adroitement dirige l'arrosage,
Qu'aucun pas ne s'égare aux marais trop tourbeux,
Que vos bras purifient la fange aux bourbeux ;
Le soleil est brûlant, humectez les bordures,
Aux haleines des vents défendez leurs verdures ;

Ciseaux à votre tour vous viendrez les unir,
Passez y tous les mois, mais sans les dégarnir ;
Supprimez les gourmands, faites tous vos possibles,
Que tous soient bien garnis par des branches flexibles
Sans trop les étouffer ménagez les boutons,
Faites des garde-foux en couleur, en festons,
Laissez naître des fleurs en dehors des allées,
Point de branches à bois qui sont trop étalées,
Bien loin d'être désert pérparez par vos bras,
Les sentiers sont tous verts ou plus haut ou plus bas,
Colorez la verdure en pelouses unies,
Dirigez tous vos groupes en fleurs réunies,
Connaissez les brindilles qui font les couleurs,
Ne supprimez jamais le parfum des douceurs.
Que tout soit émaillé s'unissant aux rivages,
Agrément, potager, les vergers, les sauvages,
Élevez le feuillage au milieu d'un rocher,
Sur lui l'ombre s'élance, on peut l'ombre chercher,
Dans son aspérité la forme est merveilleuse,
Dans son front vénérable et sa tête orgueilleuse,
D'une nuée orageuse imite les passions;
Des têtes onduleuses peuplez des nations,
La bise tourbillonne au travers de ses branches,
Et la hâle moissonne et tempête les tranches.
Un rocher se dessine fixé contre un mur,
Le feuillage avec lui supprime tout l'impur,
D'équilibre sentier l'un sur l'autre se pose,
L'un sur l'autre monté, l'un sur l'autre repose.
De sentiers en sentiers, de détours en détours,
Des balcons élevez de contours en contours,
Les voisins sont masqués par le touffu bocage,
Respirez les parfums sans qu'on vous envisage.
Calmez votre désir d'un grand parc éloigné,
Le bon goût veut choisir un petit mieux soigné.

Dans un grand étalage où la plaine et rendue,
La surprise n'est pas souvent inattendue.
Verdissons l'agrément, marchons dans les rameaux,
Horizontalement sur des monts inégaux,
Par des arbres montés des sentiers très étroits,
En caverne imitée, on brave les effrois.
Venez guider vos pas au milieu du feuillage,
Ne rétrogadez pas, connaissez le passage,
Sans dangers éminents protégez des ormeaux,
Les travaux continuent, font de riches hameaux.
Sur la grande chaumière un pavillon plaisante,
Vivante promenade et montagne puissante,
Soit des tables, des bancs, canapés en couleurs,
Des murailles fleuries chassent les douleurs.
Des spirales allées nous sont imprévues,
Vous êtes ombragés des tiges très touffues.
Encore ces jardins qui nous sont étrangers,
Espérons que nos goûts viendront les arranger.
Que ligneux végétaux nous donnent des chaumières
Vous, porteurs de sarments, imitez des carrières.
L'aristoloche monte sur l'arbre en débris,
Chèvre-feuille dessine ses buissons fleuris.
Faisons dans nos travaux de nombreux monticules,
De plus haut en plus haut, par branches véhicules,
Clématite touffue auprès des vignes vierges,
Venez nous dessiner des abîmes et berges ;
Donnez des pavillons, vous ligneux végétaux,
Et dans un vert salon attirez les oiseaux ;
Du jour au lendemain la plante se déguise,
Toujours du changement, toujours de la surprise,
Préférons le printemps, les soins pourront briller,
Fuyons le grand hiver qui veut nous dépouiller ;
        Je ne vois plus le beau feuillage,
    Ah ! j'ai vu disparaître les fleurs,

Je n'entends plus le beau ramage,
Le doux chant des oiseaux séducteurs
Pour moi n'est plus flatteur.
Où est le temps qu'ils parlaient à mon âme,
Mon cœur, mes sens, tout en était plus calme,
Que la verdure appaise ma douleur,
Maudit hiver qui fut le destructeur,
Là, j'admire les vivantes couleurs,
Triste saison qui nous prive de fleurs.

N'accusons pas toujours notre température,
Si la grotte souvent est privée en parure ;
La cascade est à nu, un rocher découvert,
Venez donc le cacher, vous qui bravez l'hiver ;
Qu'un goût soit bien fondé pour commettre vos pla-
Que l'outil bien guidé sache suivre vos traces; [ces,
Occupez votre esprit, employez le pouvoir,
Si vous êtes repris, arrêtez pour prévoir :
N'allez pas arracher les couleurs éclatantes,
Cherchez à conserver toutes les fleurs brillantes,
Que vos plans dessinés soient au goût du payeur ;
Avant que de tracer rendez le connaisseur,
Et que devant ses yeux vos travaux soient utiles ;
N'allez jamais fouiller les endroits inutiles.
Savant veut s'annoncer un ancien tourlourou,
Croyez-moi, ouvriers, fermons-lui le verrou ;
Aucun homme prudent ne dit à ce novice,
Qu'il a pour tout talent la richesse du vice ;
Apprenez, laboureur, à vous rendre estimé
Et jamais connaisseur l'ignorant n'a blâmé ;
Voyez-vous l'étourdi plein d'orgueil sans mérite,
Qui vous cache aujourd'hui son beau masque hypocrite,
Une marche au chapeau maigre mouton pointu ;
Sur ces yeux son chapeau est souvent rabattu,

Acroupi sur ses cuisses, lèvres grimacières,
De gros soucis touffus qui couvrent ses paupières,
Le pauvre masque affreux, visage grimacier,
Front bas, très ténébreux, qui veut être sorcier,
Nez pincé anguleux et la taille est très courte,
De tout homme mielleux sortez-vous de la route?
Dans un rire forcé son mot et narinal,
Aussitôt énoncé le sombre original.

Écrivez quatre mots composés de 20 lettres; il ne faut en tout que 10 espèces de lettres et que chaque lettre prenne sa pareille; par exemple, vous écrivez *entre*, il y a 2 *e*, il n'en faut plus; ensuite *viril*, vous avez 2 *r*, 2 *i*, il n'en faut plus; à présent, il faut employer les 4 lettres qui vous restent, qui sont *v*, *t*, *l*, *n*, vous écrivez *fatal*, puis vous rassemblez les lettres qui vous restent, qui peuvent faire vo-fon.

Si l'envie à bien faire doit fuir un joueur,
Et qui maudirons-nous? le premier inventeur,
Maudit jeu qui nous tient l'homme dans l'ignorance,
Lequel haïrons nous plutôt? la tolérance?
Des hommes pour jouer s'exercent en grand soin,
Rassemblés comme amis; mais ils en sont bien loin,
Puisque pour se voler tous les deux sont avides;
C'est au lieu d'amitié les démons qui sont guides,
La fortune et satan nous rendent tous jaloux,
Ils nous font des escrocs, des fripons, des filous,
Enfin, du jeu descendent toutes les décadences;
Mettons-y le gourmand, la paresse et les danses,
Tous les hommes honnêtes conviennent entre eux
Que le crime et la mort sont souvent dans les jeux.

ENTRE
VIRIL
VO-FOND
FATAL

Prenez 20 cartes, que vous mettrez deux à deux, dites à

quelqu'un d'en remarquer un paquet, et même 10 personnes; vous prendrez vos cartes paquet par paquet, vous p endrez une carte d'un paquet, que vous mettrez sur l'autre même lettre et ainsi de suite; quand elles seront placées, demandez lui dans quelle ligne sont les cartes imaginées et en lisant les quatre mots, vous pourrez rendre à chacun les cartes qu'il aura pensé.

Apprenez, bienfaiteur, le défi de ces êtres,
Que l'honnête amateur sache les reconnaître ;
Cachant son ignorance, il parle pour le mieux,
Pour avoir confiance il fera le pieux ;
Cet homme pernicieux vous radoucit sa mine,
Vous êtes confiant croyant qu'il examine ;
Sans connaître les arbres les plus précieux,
Prend la bêche aussitôt et l'extirpe à vos yeux,
A soigner les tomas il a beaucoup d'adresse,
Son maître pour cela estime sa jeunesse ;
Si ma plume au burin voulait passer des noms,
Je pourrais pour certain parler des grands renoms ;
Mais pour nuire aux confrères, ma main se refuse,
Connaissez la finesse aussi bien que la ruse,
S'il s'agit de parler de bouche il connaît tout ;
Il est très routinier, dans les dessins surtout,
Il se fait remarquer dans sa grande éloquence,
Toute belle parole n'est pas connaissance,
Bien souvent sans adresse le sous-cuisinier,
Aujourd'hui par son maître rendu jardinier,
Ne méprisons jamais l'ouvrage à l'arguillarde,
Mais repoussons au loin le garçon de Souillarde ;
Sa fenêtre est ornée en quelques pots de fleurs,
Il se met pour cela au rang des laboureurs ;
On les voit très souvent quitter leurs tourne-broches,
L'on a dans cet égard beaucoup plus de reproches,
Car souvent nous voyons des cireurs de carreaux,
Venir mettre au néant de brillants végétaux ;

Dans le cœur un secret facilement se cache,
Il a beau le garder malgré lui se détache ;
Quittez pour sûreté les licheurs de talons,
Mettez la ruche à miel à l'abri des frêlons,
Les frêlons malfaiteurs ne cherchent qu'à détruire ;
De même nos lecteurs défrichent pour construire ;
Des louanges d'un maître doit-on répéter,
Quand les soins de l'école ont su les apprêter ;
Mais les hommes crédules trop tôt s'en séduisent,
Ils estiment la plume et les frimes s'aiguisent ;
Le savant routinier, l'adroit cultivateur,
Ne peuvent plus marcher près d'un homme flatteur,
Le terrain à sa vue en lorgnant l'examine,
Sa pensée imprévue et l'on croit qu'il dessine ;
L'arachage des fleurs par vos yeux averti,
Faut un cultivateur pour qu'il soit converti,
Sur le manche à balai connaissez la routine ;
Sachez donc démasquer le valet de cuisine,
Sortez de la nature et laissez la verdir ;
Va pousser balayure à table pour servir ;
La bêche dans tes bras, tes membres se raidissent,
Les racines de l'arbre à tes outils fléchissent ;
Et quels sont les remords amertumes douleurs,
De voir mettre dehors des brillantes couleurs ;
Des beaux arbres fleuris, l'agrément se supprime,
La routine abolit, un langage s'estime.
Vous voyez tous les jours un ami protecteur,
En croyant que pour vous se rendait bienfaiteur,
De l'estime lancée en grande multitude,
Va mettre son cocher à la béatitude.
Savez vous qu'il vous parle de son décrotteur,
Il est garçon de salle et non cultivateur,
Il faut fendre du bois jusqu'à la cuisinière,
Qui va lui commander de servir de portière ;

Quant la cruche est sans eau, robinet inconnu,
Quand le feu brûle trop le service venu.,...
Croyez-vous qu'un cocher, monté sur la voiture,
Ne voit pas les beautés, les lois de la nature?
C'est le guet du village, galant des hameaux,
Très savant pour son âge à la loi des chevaux;
Qui, lèste au nétoyage, habile aux paysages,
Vigilant d'un côté, l'est pour tous les ouvrages,
Pour son obéissance il n'a pas de rivaux,
Et madame est contente de tout ses travaux;
Il est de bonne grâce et par votre manie,
Le jugez non capable à donner l'harmonie.

Ah ! puisque c'est ainsi qu'il faut des jardiniers,
Conservez celui-ci pour servir aux dîners;
Chez nous il faut pas d'un jardinier de Cythère,
Regardez donc ses bras délicats pour la terre,
A conduire le fiacre il aura plus d'honneur,
Et pour la promenade il a plus de valeur;
Je suis presque certain qu'il est aimé des cœurs,
Et qu'il n'est pas toujours dans les champs le vain-
Faut marier les arbres dans les arbrisseaux,[queur.
Et non les belles grâces de ces damoiseaux;
Faut savoir rassembler, assortir le feuillage,
Réunir les couleurs dans le frais paysage,
Faut connaître d'avance les fleurs, les gazons,
Et savoir partout rendre un bosquet aux saisons;
L'arlequin damnerait, par son masque on l'honore,
Il n'est qu'un baladin et non l'ami de Flore;
Flore qui nous réclame à sa population,
Veut leçon routinière et l'imagination;
Qu'un homme de son goût sache bien la défendre
Et que l'affreux dégoût ne vienne rien prétendre;
Détournez de chez nous les perfides flatteurs,
Qui viennent pour tromper l'attente aux amateurs;

Dans les professions, chacun prend son intrigue,
Et la protection trop souvent se prodigue;
Sans aucun interprète à l'éminent danger,
Sachez le reconnaître sans l'interroger;
Un décrotteur, souvent jardinier de Cythère,
Le protecteur vous dit qu'il soigne son parterre.
Très instruit en langage, manteaux sur manteaux,
Croyant qu'il cherche à plaire, il cherche vos métaux
Si les mots d'un perclus jardinier vous séduisent,
Portez-y votre vue avant fautes commises,
Car d'une extirpation des arbres en rapport,
Ne vous attendez pas d'ajouter des raccords;
En prenant confiance à tous ces hypocrites,
Vous recevez souvent des cales de marmites
Et l'on maudit ensuite très amèrement
Le destructeur d'utile et du bel agrément,
Chez les dessinateurs même le littéraire;
Cette friponnerie est souvent temporaire,
Le découragement est souvent fait par eux,
Et l'on voit chaque instant de ces dégoûts nombreux;
Leurs plus beaux entretiens sont d'une bonne amie,
Le plaisir baladin et la gastronomie,
Ces muscadins souvent ne payent leurs traiteurs.
Voilà nos concurrents qui sont si bienfaiteurs;
L'un embellit ces termes de littérature,
Et l'autre se distingue en mots d'architecture;
Et si vous observez votre idée au narquoi,
Répond ses ridicules et sans dire pourquoi;
Le bel arbre il arrache en vous cachant sa frime,
Bientôt un intrigant va vous rendre victime.
La parole fardée il apporte du quai,
Des rebuts tout ridés le mensonge expliqué,
Pour avoir confiance il promet l'harmonie,
Prodigue la dépense et non pas le génie,

Du commerce des hommes n'est jamais honteux ;
C'est son premier négoce, aucun n'en est douteux ;
Du quai jusque chez vous faut que son argent double,
En estimant son plan a pesé votre trouble ;
Après, le bousilleur marque les omissions,
Mensonge ou vérité, tout passe aux admissions,
Serpent qui à l'abri de tous les grands vents rampe,
La langue du poisson dans les travaux se trempe,
L'enfaut dans un berceau demande à badiner,
Serpent sur les cerceaux vient pour se dandiner ;
Un maître qui se flatte est un enfant qui tousse,
L'ennemi s'apperçoit que son haleine est douce,
L'esprit doux, les malins, on les voit bien d'accord ;
Des méchants le venin entre dans de bons corps ;
Il est donc bienheureux d'apprendre à reconnaître,
Quand un homme mielleux trahit jusqu'à son maître
Chez le maître Tartufe on vous fait bon accueil,
Pour avoir des victimes radoucit son œil ;
L'orgueilleux, le jaloux n'ont jamais bon ouvrage,
Ils sont, le plus souvent, gardés pour leur langage,
En entrant le menteur est toujours bien venu,
L'on a du repentir après l'avoir connu ;
L'envieux le bonheur est de chercher à nuire,
Voyant votre malheur est aux éclats de rire ;
Montrez vous philosophe ; chassons de nos yeux
Les passions misanthropes, soyons heureux ;
Que la science s'écrive en livres peu immenses,
Que l'homme s'en séduise plutôt qu'aux romances ;
Désignons entre nous paternelle maison,
Que l'on sache partout connaître la raison,
Et lorsqu'un intrigant viendra nous compromettre,
Qu'un ouvrier prudent puisse le reconnaître ;
Si vous savez comprendre la fraternité,
Venez là pour entendre mutualité,

Si par fois votre loi était un jour écrite,
Avant votre admission prévenez l'hpocrite.
Un maître intéressé dans toute sa largeur,
Pour le bien de son art doit être soulageur,
Et dira que c'est là l'ami de la science,
S'il ne sait pas répondre, en prendre souscience,
L'injurieux malin ne cherche qu'à duper,
Il se dit bienfaiteur, c'est pour mieux usurper.
Sachons donc reconnaître l'ingrate vengeance,
Chasser la fourberie, intrigue et l'arrogance ;
Je connais le filou dans sa curiosité.
Gardez-vous, braves gens, sous sa férocité.
Les singes sont, dit-on, grands rêveurs en malice,
Il faut voir des combats pour faire leur délice.
Ne citerai-je pas de l'argent l'emballeur,
Fourbe, un juge de paix qui cause mon malheur,
Vous lirez mon écrit, je vous l'effleure à peine,
La justice à ....., pour vol est peu en peine.
Victime m'a rendu la face de baboin,
Oui, la physionomie est d'un très grand besoin.
Aux tillais m'occupa chez eux la fourberie
Qui bientôt se vengea contre ma pruderie.
Si l'esprit vous réclame pour être prudent,
Évitez la vengeance, il faut être imprudent ;
Quand vous aurez dupé marquez votre surprise,
Moi, si je l'avais fait, je serais sans reprise ;
Parole d'un piqueur meurtrisez-le de coup,
J'étais sans défenseur, je me dis: c'est beaucoup ;
Il balance ses pas, craint de se compromettre,
Appelle un savoyard, commandé par le maître,
Par plusieurs ouvriers j'en étais averti,
De ses coups meurtriers je me suis garanti.
Vainqueur sur ce lutin, le mettre de complice,
Dit que mes jours sont dus aux bras de la justice,

Mon sang ne coule pas, visage de baboin,
Vous êtes courroussé que j'ai tant pris de soin,
Malheureux je deviens de mon économie,
Tu retardes à payer pour aider l'infamie,
La volupté d'Achard cherche des prisonniers,
J'écris son opinion dans ses mots chansonniers.

Air du Curé de Pompöne.

Ma foi, je ne suis pas capon,
Dans ce que je débite,
Je vends l'eau rougie au fripon,
Au fourbe, à l'hypocrite,
Et celui qui paie le mieux,
Tout son vin je baptise,
Il paie deux fois quand je peu, mon neveu,
C'est selon sa bêtise.

Un concierge lui dit: faites la bonne note,
On obeït, l'écrit, la parole s'avorte
Voulez-vous la fortune? je dirai comment,
De bien savoir écrire, il sagit seulement:
Dans notre belle France à quoi peut-on se plaindre,
Car celui dont la chance ne peut pas contraindre,
Dans les caisses d'épargne pour vous enrichir,
Allez chez le portier, sachez le rafraîchir;
Mais pour tirer l'argent s'il vous manque d'écoles,
Vous êtes l'insolent, l'on vous paie en paroles.
Le courage imprudent veut être criminel,
Halte-la ! faut mes jours, au bien être éternel.
De punir le mérite et céder l'existence,
Sagesse vient me dire : vis sans soucience.
Se punira lui-même avide de procès,
Il faut laisser le crime, dans tout c'est excès.

De voler par écrit des personnes sont fières,
Et les caisses s'en rient d'être héritières.
La caisse est bienfaisante d'après le livret,
Pour eux c'est trop saignant la pièce à délivrer.
Commis, le sabre nu, déhors un malhonnête,
Sentinelle ! entend-tu ! croise la bayonette,
C'est de mode aujourd'hui les bienfaiteurs bureaux,
Veulent gardre chez eux la récolte aux bourraux.
Deux plumes à nos lois sont, dit-on, très sublimes,
L'une fait des bassesses, l'autre des victimes,
Leur collégue des bois dit : la vie ou l'argent,
Eux écrivent des lois pour faire l'indigent,
L'écrit est très sévère dans notre patrie,
Punit la vérité, soutient la fourberie,
Sur mer les écumeurs vont pour vous embrouiller
En France, on est rongeur, la loi veut dépouiller.
On voit les Africains soutenir l'Arabie,
En France, on est peu loin des lois de barbarie.
Dis au banqueroutier véridique raison,
Au cachot renfermé passera la saison.
Ne soyez plus fripon, voleur de grandes routes,
Pour suivre le bon ton faites des banqueroutes.
Pourquoi aux voyageurs occasionner des cris,
Pour n'être pas voleur volez donc par écrit,
Et si de vos victimes le mot vous offense,
On appelle justice ou les filoux de France.
Afin d'être honnête homme plus assurément,
Faites part de vos vols à ce gouvernement,
Marchand, si tu n'as rien, cherche la confiance,
Va dire au paysan que tu as conscience,
Chez les cultivateurs un trompeur est plaisant,
Voilà bien l'industrie en commerce à présent.
La loi prend des égards et tient de vous estime,
Quand vous lui faites part de votre plus grand crime,

Parmi nous, anonyme, tu seras rendu,
Nous rebuttons les frimes, c'est bien entendu,
Choisissons pour la science les amis du monde,
Cherchons la bienfaisance sur la terre et l'onde.
Savant physionomiste, va sous les cerceaux
Et corrige les crimes étant aux berceaux.
Un crâne qui prépare au peuple la torture,
Apprenez par des soins à changer sa nature,
Sachez que c'est à nous de bien l'examiner,
Si le fourbe est reçu qu'il viendrait tous ruiner.
Les grands filoux d'honneur soutiennent la police,
Et les petits voleurs sont punis en justice.
Si l'infâme ne veut connaître son erreur,
Par les banqueroutiers remettra la terreur.
Le paysan la craint, le peuple la recule,
L'habitant est contraint, tous s'enflâme et se brûle.
Pour être notre ami le promet en tout temps,
L'on peut dire de lui chenille du printemps.
Dans la grange du bois c'est là l'effet funeste
Le désordre à l'écart va consumer le reste.
Pour envoyer des fers partout il est gratteur,
Rend la douleur amère au loyal amateur,
Cherche à ruiner, s'il peut, l'habitant du village,
Fuyez donc pour le mieux l'odieux personnage.
Il s'annonce savant pour avoir des travaux,
Tillai, adroitement te forgea-t-il des maux ?
Autre part que chez lui on ne peut pas mieux faire,
Vous disait par écrit l'enseigne littéraire.

Marchands de beau feuillage,
Nous connaissons vos tours,
Par votre doux langage, oui, le ravage
Prend souvent ses retours,

Des arbres tout flétris apportés du marché,
Promettent la reprise à moitié desséché,
Qu'il soit vivant ou mort, il est sans inquiétude,
Pourvu que l'argent sorte en grande multitude.
Pour des boutons naissants qu'il a tant estimé,
Maudissez l'intrigant, l'agrément supprimé ;
Ces êtres malfaisants, s'il faut qu'on vous le dise,
Promettent l'agrément, c'est eux qui le détruisent.
Pour n'avoir pas rendu le boccage animé,
L'opulent se renferme et quitte l'estimé.
A ses yeux autrefois la nature était belle,
Aujourd'hui ne veut pas la beauté naturelle.
Déterrer leurs passions, honnêtes professeurs,
Pour la végétation rendez les connaisseurs.
Détournez de chez vous l'opinion métallique,
Déterrez donc le goût et passion botanique ;
Sachons aux végétaux rapporter plus de soins,
Embellir l'agrément, c'est augmenter nos biens.
Si nous ne cherchons pas d'enrichir la nature,
Le riche au cabinet cherchera la peinture.
Apprenons par les fleurs à plaire aux curieux,
Qui peut faire un bonheur ? nos bras laborieux.
Prendrons-nous cet honneur d'être plus francs et braves,
Et qu'aucun ravisseur nous donne des entraves,
Chez qui génie du mal on ne peut décrocher.
D'un secours mutuel il ne doit approcher,
A d'autres que chez nous qu'il porte l'angoisie,
Car leur croix fait partout tort à la bourgeoisie.
Ha ! confrère craignez d'amener l'espion,
Politique serait notre corruption.
Je rebutte les mouches qui sont infidèles,
Dans la fraternité repoussons les rebelles.
Amis de vérité, formons notre union,
Végétaux, fleurissez pour la seule opinion,

Faites toute la lutte du naturaliste,
Quand la loi sera juste je suis optimiste,
Que vos muscles jaloux n'allent pas frissonner,
Qu'à la foule le sang n'aille pas bouillonner.
Pour trouver la science au cabinet d'étude ,
Faut laisser les vencès à la multitude,
Chez l'ami du publique si c'est sa passion,
Le bon ordre s'estime, enrichit la nation.
Pour mieux passionner l'étude dans la France,
Que l'ordre bien mené ne soit pas la souffrance.
La gauche, ni le droit, ni le juste milieu,
S'ils viennent nommez-moi votre arbre chenilleux.
Quand les nefs agités chez l'homme de culture,
L'abandon sans regret il fait de la nature;
Pourtant n'est plus d'accord pour celui qui n'a rien
Du néant d'un voisin pour profiter du bien.
Chasser la soif au sang, amants de la verdure,
Mettez au premier rang l'opinion de culture.
Ne venez jamais dire en opinion si creux,
On ne peut plus nourrir un peuple trop nombreux;
Nous laisserons ces mots pour celui qui conspire,
Et nous rirons du sot qui viendra nous le dire.
Plus le monde est épais plus le bonheur s'étend,
Plus la terre a des bras au plus elle en attend.
Venez hommes puissants, venez femmes fécondes !
Venez peupler les champs, venez peupler les ondes.
Je dirais à l'instant aux avares fermiers,
Hâtez-vous, il est temps de vider vos greniers.
Nous aurons par nos bras double produit de graines,
Rendent encore aux bois la moitié de nos plaines.
Occupons-nous des champs, des vignes, des jardins,
Cultivons tous les cœurs des sots et des badins.
Des injustes l'écrit est pour nous très nuisible
Contre un mur on applique un édit corruptible.

Cet édit populaire est venu très fatal,
Et le Code civil, et le Code pénal,
En jonchant les esprits, en dotant les altesses,
L'honnête homme est puni, non les scélératesses;
Oui, j'estime la loi neuve ou d'antiquité,
Qu'elle donne à la voix au moins l'égalité,
Lorsque d'un ver de terre le sort je regarde,
Trop faible mon fer se venge en tortillarde.
Des mots bien prononcés disons pour la raison,
Donnez l'égalité vous aurez floraison.
Allons chez l'industrie, attendons connaissance,
Pour donner du bon fruit en très grande abondance
Avant tous les écrits l'œil est le souverain,
Éclairez votre esprit, éprouvez le terrain.
Viens nous coaliser, belle philanthropie,
Ne viens pas m'ennuyer, triste misanthropie,
Si le génie du mal est aujourd'hui vaincu,
Grâce aux soins naturels, au courage étendu.
Venez fraterniser quoiqu'indigent confrère,
Vous aurez l'amitié de tout sociétaire,
Pour vous rendre solides en fraternité,
Cautionnez indigents après la qualité,
De tout homme rural attendons le partage,
Admettons l'ouvrier et non pas le langage,
Sur les hommes de lettres qu'on ouvre les yeux,
Sachons les reconnaître, c'est pour nous le mieux;
Faites bien, faites mal, il fait la réprimande,
Pour dire aux assistants que c'est lui qui commande.
Usurpe les talents du grand observateur,
Par l'écrit plus savant il s'en dit l'inventeur,
Mettra premièrement tout son monde en ouvrage
Sans arrêter un plan commande un paysage;
Les plus beaux végétaux il fait exécuter,
Par lui les coloris vont se répercuter.

Naissance lui donna la plus grande arrogance,
La pratique il n'a pas, mais si, pour l'éloquence,
Il vient sur le terrain sortant du cabinet,
Croit de faire l'ouvrage sur son coussinet.
Tous ses nerfs agités, son corps entier frissonne,
Il faudrait estimer l'arrogante personne.
Son esprit scandaleux, rempli de vanité,
Méprisant d'être membre en grande société,
N'estime qu'un langage, et la belle écriture
Repousse les travaux qui font sa nourriture,
Disant ses passions, le connaîtrez-vous mieux ?
Va sous les cotillons d'un mangeur de Bons-Dieux.
Il vous parle sans cesse des lois de l'Église,
Sa première intention reste sous sa chemise,
Vrai dévot, il imite afin de nous tromper,
Pour avoir des victimes, et mieux triompher.
Très aimé des tyrans par ses chansons nocturnes,
Ne se mêle à ses chants que pour faire fortune.
Veut nous faire accroire qu'il faut aller boire,
Dans le saint-ciboire, pour être plus heureux ;
Lui, par sa fintise, s'en va dans l'Église,
Sa pensée déguise sous son front ténébreux,
Défend l'auberge aux jeunes vierges,
Prête son cierge pour les rassurer.
      Nul ne refuse, lui, par sa ruse,
      Bientôt s'amuse de nos gros curés,.....
Pour connaître un Tartufe on regarde aux genoux;
Comme charrue au tuf est utile chez nous,
Tout le plus grand talent, d'usurper connaissance,
Se place fourbement parmi l'homme de science,
Et le peu de routine en a-t-il dérobé,
Il travaille en sourdine afin de l'absorber,
En cachette, employant sa leçon littéraire,
Se croit déshonoré dans la classe ouvrière,

Son orgueil méprisant est souvent pour son t ort ;
Méprisant, je méprise et droiture et d'accord ,
Dans son hypocrisie il trompe confiance ;
Pourquoi n'a-t-on pas pris de lui plus défiance?...

Air de Waterloo.

Un Tartufe atroce., souvent par amorce ,
Toujours est précoce, dans un confessional ,
Son âme d'éponge, le crime la ronge ,
Lance le mensonge pour être national ;
    Il communie en modestie ,
    Sa fourberie le fait respecter,
    Ce cœur de boue que chacun loue ,
    Et toujours se joue du bon Dieu mangé.

Dans les séminaires, les nomme ses frères,
Voilà sa manière pour les engourdir ,
Cachant son audace, contrefait sa face ;
D'une autre grimace pour mieux réussir ,
Mangeur de Christ au front sinistre ,
    Visage triste ne fait-il pas peur?
    Je me retire de son empire ;
Je dois le dire : tout masque est trompeur,

Va près des novices mettre les délices ;
Augmente aux hospices le fruit de Vénus,
En naissant l'emporte, le passe à la porte
Et peu lui importe ce qu'ils sont devenus.
    Fuit sa victime, cachant son crime ;
    Vient pour la frime prêcher la vertu ;
    Se croit peut-être de faire naître ,
    Mensonge ancêtre, c'est du temps perdu.

Bien souvent il viole ou bien il enjole,
En faisant l'école du beau sexe jaloux,
A tous ces glanages femmes qui très sages,
Heureux en ménages prenez garde à vous.
    Son pieux culte sagesse insulte,
    Passion tumulte c'est sa qualité,
    Sans le maudire chacun l'admire,
    Ne sachant lire sa sublimité.

De chansons vériuiques saisissez les mots,
Connaissez le physique et l'intrigue des sots,
Que le franc dans l'adresse jamais se confonde,
A l'astuce, aux finesses ennemis du monde,
Que dans l'honnêteté le droit y soit rendu,
Le mérite devrait être au moins répandu ;
Si l'encouragement ne peut se faire entendre,
Nul embellissement nous ne pouvons attendre,
D'écrire vérité j'aurai des ennemis,
Des blâmes je rirai en disant : mes amis,
La foi, bonne ou mauvaise, chacun prend son ombre ;
Notre estime des fourbes sortira du nombre,
Chez eux, le riche élan ne fait qu'importuner,
Quand une connaissance ne peut fortuner ;
Laissons le commander, c'est là tout notre ouvrage,
De lui faire observer, il fait un héritage ;
Son esprit se décide, il marche sans tracer,
Par un cœur plus avide un arbre à déplacer,
Il est ici venu en sortant de l'école,
En sortant de l'étude aujourd'hui on enjole,
Brave d'être menteur pour la sécurité,
Souvent un confesseur fait sa prospérité ;
Pourquoi à l'écolier prend-on tant confiance ?
Après la fraude faite on en prend défiance.

Nous voyons tous les jours par l'homme confident,
Abattre pour toujours le goût d'un imprudent,
Végétaux malheureux de vos fleurs si brillantes
L'on supprime aujourd'hui vos couleurs pétillantes!
A mes yeux, autrefois, des rameaux fleurissaient ;
Sans vous chaque printemps sur ce trone renaissait,
Pourquoi me privez-vous de tous ces doux ombrages
De sa tête élancée, et tous ces verts feuillages ?
Un homme d'autrefois, que tant l'ont estimé,
Aujourd'hui par ses bras, largement supprimé ;
Pour avoir de l'argent, l'écolier vous retranche
Les plus belles des fleurs, et les fruits sur la branche;
On les voit tour à tour, chacun est commandé ,
L'un à l'autre soumis, l'un par l'autre amendé,
Lorsque dans les travaux , un écrivain présume,
Un cahier, l'ecritoire, on voit plume sur plume.

Air de la Grisette qui veut louer son apparte-
ment.

Un jour, j'entre dans un salon,
Voisin d'un cabinet d'étude,
Éloigné de la multitude ;
Bon goût fut piqué d'un frêlon ;
Ce frêlon venait très souvent
Promettre de riants bocages ;
L'amateur le croit très savant,
Se rapporte à son langage, dans le feuillage;
La douleur, chez lui, le fit naître,
Ne voyant plus l'arbre flatteur;
C'est ce que fait l'homme-de-lettres ,
Qui commande au cultivateur.   (*ter*)

Ciel ! disait-il en soupirant ,
Où est tout mon léger feuillage ?

Les oiseaux, dans leur doux langage,
De ces lieux étaient les tyrans ;
Je n'ai plus au milieu des champs,
La rose en bouton pour éclore ;
L'ignorant, ou plutôt méchant,
Supprime jusqu'au chant sonore.
       Rien se colore, etc.

    Jadis sur des épais buissons,
Venaient bourdonner les abeilles,
Se nourrir de fleurs en corbeilles ;
J'aimais d'entendre leurs chansons ;
Un adroit venait sur ces tons ;
Je ferai naître des merveilles,
Extirper des fleurs en festons,
Même le bruit de mes oreilles.
      Les roses vermeilles, etc.

    Un homme, qui suit le haut ton,
Méprise la basse origine ;
Tourmenté d'humeur et d'angine,
Voudrait sur nous les lois du bâton.
A l'ouvrage il n'est que zéro,
Quoiqu'on lui donne la bannière ;
Chez lui tout va par numéro :
Voilà sa leçon routinière.
      La bonne manière.

Chassons vite l'homme-de-lettres,
Qui commande aux cultivateurs ;
L'ignorance a fait disparaître
Les coloris les plus flatteurs.   (ter.)

D'attendre des plantes n'est pas surprenant,
Gas-géant dans l'enceinte, ouvrier reprenant,

Répétait plusieurs fois d'une voix assez haute :
Aujourd'hui, mon bon gas, le plus fin mange l'autre,
Mais comment connaît-on cet honnête ouvrier,
Dans la ville, à la rue, en refrain va crier :

> Me bel-les ro-mai-nes,
> Bon-nes, en ve-li-vous?
> Pre-ni-lez de mien-nes,
> Moé, j'ai choé-si per-tout.

Quand la Grève fournit l'ouvrier, qu'on ordonne,
Ah! l'ouvrage se fait, (le bon Dieu me pardonne),
Assez pour son argent, l'ouvrage est trop bien fait.
Un vol adroitement n'est pas connu forfait,
L'ouvrier traîne l'arbre au trépas et le morgue,
Le maître aux carrefours cherche le joueur d'orgue,
Des travaux journaliers fait le prolongement,
Sur vos bêches tenez le doux balancement;
Un manufacturier jamais n'a vu campagne,
Il viendra pour nombrer, plus j'en ai plus je gagne,
Dans les hommes-de-lettres chacun prend son rang,
Soit le gauche et l'honnête, ont le cœur de hareng,
La plume et les bureaux nous fournissent la frime,
L'un instruit n'est qu'un sot, donne tout à la prime,
D'une grange élevée un fourbe a mérité.
Ah! du bois connaissez la vraie célébrité;
Protecteur, la fortune aux travaux de campagne,
Moi, je dis qu'il le vole, et non pas qu'il le gagne,
C'est sur lui qu'il faut lire le cruel penchant,
Qui cherche, pour bien vivre, à ruiner l'habitant;
Enfin je vois partout des avares sans nombre,
Le chercheur de fortune partout nous encombre,
Cherche-t-on d'embellir la nature à présent?
Bocage est renversé pour qui parait plaisant.

Sur un antique tronc, les formes onduleuses
Ne sont plus reverdies en forces méduleuses,
Des ombres bocagères sortez l'hameçon,
Croyez-vous que pour plaire il ne faut qu'un crayon?
Des plus âpres rochers leur tête découverte,
Sans chercher l'écritoire allons les rendre verte,
Couvrez-les, végétaux, cachez la nudité,
Recevez-lui la loi de son antiquité,   [brage,
Cachez-vous, caverneux, cachez-vous sous l'om-
Qu'un rocher suspendu se dessine au feuillage
Des montagnes, des plaines, des riants coteaux,
Appartient cette scène aux amants végétaux ;
Des zéphirs en fierté les parfums s'en moissonnent,
La bise et borée ensemble se raisonnent,
Au milieu des campagnes les heureux séjours,
Merveilleuses montagnes, belles pour toujours.

Air du Maudit Printemps.

Du haut de ces rochers sauvages,
La mousse embellit le contour,
Leurs fronts caressés de nuages
Qui se succèdent tour-à-tour ;
En recevant le doux ombrage.
A Flore j'adresse ma cour,
Je lui demande son langage,
Pour le connaître, un instant c'est trop court.

Abandonnons l'amour frivole,
Sachez calmer votre fureur,
Car pour venir à cette école,
L'on doit connaître son erreur;
Parcourant les riches campagnes,
Mémoire heureuse à nos secours.
Rien de plus beau que les montagnes,
Des matinées les instants sont trop courts.

Des collines, près des rivages.
L'alpine attend, veille à nos bras;
Nous visiterons les ombrages,
Quand la nature renaîtra;
Déjà le parfum se réveille,
Plus brillant qu'un roi dans sa cour ;
En voyant naître tes merveilles,
Séjour heureux, tes instants sont trop courts !

Au milieu d'une aride plage,
Des tourbillons vont dans les airs,
Préparent un horrible orage,
La foudre sillonne en éclairs ;
Sa voix terrible et menaçante,
L'ouragan effraye nos jours ;
Flore en son empire est tremblante ;
Maudit tonnerre, viendras-tu toujours?

Pourquoi ne pas prendre les armes?
De Flore étant les courtisans,
Amis, venez sécher les larmes,
Dans la culture aux paysans;
Le coloris se recommande,
Portons-lui promptement secours ;
Courons, courons pour le défendre,
Qu'aux accidents les instants soient plus courts.

Pourquoi donc ces terrains stériles
Sont privés d'amas résineux?
Donnons donc aux plaines fertiles
Nobles travaux plus lumineux;
Doublons la richesse des landes;
Bacchus viendra sécher nos pleurs;
Si l'on veut soigner ces guirlandes,
Bientôt les monts seront couverts de fleurs.

Oh ! pauvres plantes prisonnières,
Je vous confesse ma douleur ;
Moi, j'ai pourtant votre bannière,
Pour garantir votre couleur;
Dois-je vous faire un sacrifice?
Non, je ne peux le mettre au jour ;
Craignant les vols et l'injustice.
Maudit tyran resteras-tu toujours?

Pleurez plantes prisonnières !
Si l'on a su me voler,
L'on enterre vos bannières ,
Qui doivent vous désoler;
Je ne peux faire connaître
A mon maître ,
Culture sans étouffer,
Ni vous chauffer.

On ne veut pas aux fleurs apporter les vrais droits,
J'ai beau chercher meilleur, j'ai beau changer d'endroit ,
Un beau parc est brillant, l'harmonie en culture,
En murailles un champ, se renferme en clôture ;
Un homme a estimé le plus grand connaisseur;
J'ai cru voir mes secrets chez ce grand professeur;
J'ai trouvé les amants de la philosophie
Gouvernés droitement par la philanthropie.
Et de l'éducation , c'est là les amoureux.
Les esprits, sans leçons, y vivent langoureux.
Amant de vérité, ami de notre adresse,
Homme sans vanité , son esprit sans mollesse,
Pelissant en rideaux les tiges de tuyas,
Abrite les pommiers sous les camélias;
Les arts avaient voulu dans ce riche rivage,
Nous donner une étude en charmant paysage ;

La cascade s'ombrage de fleurs d'arbrisseaux,
La rigole à son bruit veut se rendre ruisseau.
Sous mes pas tout affreux, la dépouille organique
Se présente à mes yeux la vielle botanique.
Voilà donc la science là, toute en débris,
Des vieilles étiquettes sous de vieux écrits !
Autrefois l'ouvrier cherchait la connaissance,
C'était avant, dit-on, notre nouvelle France.
En croyant nous soumettre par la mission,
Charles X a fait naître sa démission.
Aujourd'hui la science on ne cesse à promettre,
C'est la nouvelle France qui tente à renaître.
Regrettez, jardiniers, pleurez l'éducation !
Si des tyrans clérgés il suivit la passion.
Et depuis son départ on n'a plus des écoles,
On ne lit plus au bois, ni ligneux, ni à colles.
Des goûts impatients, ouvriers malheureux,
Se privent d'aliment pour s'instruire entre eux.
Dans ce brillant vallon Flore était la maîtresse,
Pleurez sa décision, amants de sa noblesse,
Le reste des rochers laisse bien entrevoir,
Que science est délaissée et sans ne le savoir.
Le tableau, à nos yeux en vase se dessine,
Guirlande se peint mieux en grape de glissine.
A côté l'on tenait dans la triste prison,
Des végéteaux fleuris regardant l'horizon.
Dans ce lieu renfermé, belle, l'on vous reserre,
Prenant l'humidité enfoncée dans la terre,
Auprès des prisonniers dans cet enfoncement,
Tout à coup l'eau surprend par son écoulement
Pour un épais feuillage ma vue très curieuse,
Sous l'ombrage trouva la grotte caverneuse ;
A travers le houblon j'entrevois le château,
L'eau retombe en cordon près d'un léger bateau;

De nombreux végétaux semblent être propices,
Jusqu'à l'herbe à Robert décore l'orifice.
Sous l'ombrage en gaîté quelle félicité !
Oui, c'est la vérité, pour l'imbécillité.
Mon œil en liberté regardant la fierté,
Je crains l'adversité de l'impudicité,
Je quitte la cité dans son immensité.
Je vois pour ma santé le chemin cimenté,
Adieu, rose orgueilleuse, prête à m'éblouir,
Déjà voudrait fleurir et demande à s'ouvrir,
Je l'aperçois flétrir et céder au zéphir,
Même avant l'arrivée de s'épanouir.
Pour aller voir de mieux ma passion courrière,
Quand je montre à mes yeux la ville forestière.
Quelqu'un connaîtra-t-il Aliboron géant ?
Un marchand de melons voudrait notre néant,
J'aperçois sa manie et routine mince,
Déja j'ai retrouvé jalousie en province.
En passant dans le bois je cherchais mon repos,
Je m'asseois sous l'ombrage et tiens seul un propos,
Mon cœur et mon esprit sont dans la rêverie,
Les passants près de moi s'inquiètent de ma vie ;
Je pense à ma jeunesse sous ce gros buisson,
Si mon père autrefois me citait Robinson,
Robinson égaré craint le peuple sauvage,
Et le roi des .... cherche notre esclavage.
La loi m'anéantit, mon indigence a tort,
Escrocs mouches, pour moi le bon sens est plus fort.
Passant par Florantin l'oreille passagère,
Croit-elle du matin parole de bergère ?
Qu'un imprudent trompa à jeûn ses confesseurs,
Que langage il priva trois premiers successeurs.
Quand Dole avoisiné d'une vierge féconde,
Pour l'amant dans l'église allait peupler le monde.

Curé surpris de voir que Dieu n'a pas puni,
Chacun un bénissoir, un clergé réuni.
En approchant le Suisse ignorant leur colère,
En reproche on me dit ces mots à la frontière (1);
Des Suisses se couroucent sans opinion noire
Ce que l'on dit je trouve que je dois le croire (2).
Si l'on prend des mesures en bons jardiniers,
Gare aux éclabousures des maudits bourbiers (4) ;
Quand Paris dans les rues veut rendre bouvier
Prend l'aune à la charrue, le change au loup cervier
En plaine liberté l'on sentendait de vivre ,
A sa voracité tout le peuple se livre (5).
Ici de sa colère j'arrêtai l'écluse.
Dois-je donc vous combattre le Roi plein de ruse (6).
Quand d'un Suisse j'étais presque haï ou maudit.
Mais bientôt me connut et sitôt m'applaudit (3).

(1) L'on a tiré de la potence,
  Le plus tyran traître aspirant,
Voilà pour notre récompense,
Ce qu'il entend, ce qu'il prétend.
Il était de droit au bourreau,
    Aprésent plus plaisant,
Qu'il tient la France à son fourreau,
    Il faudra par nos bras,
Qu'un Roi des fers se rende un peu plus gras.

(2) Le peuple prend cette habitude,
De faire un roi du plus narquois,
D'ami prend la similitude,
Voilà pourquoi l'on y prend foi ;
Et l'on nous promet poule au pot ;
    Bonne foi, bonne loi,
Le bon monarque est à propos,

Pourquoi pas au repas,
Le Roi des fers fait les plus beaux appas.

(3) Jardin l'on veut nommer la France ;
Tout est flétri, rien ne fleurit,
Les sujets sont dans la souffrance,
Lécorce cuit, la sève fuit.
En gardant vos bourbiers fangeux,
Les bons fruits sont détruits,
   Si vous êtes laborieux,
   Il faudra par là-bas,
Que les bourbiers se prêtent à vos bras.

(4) Les jardiniers de ma patrie,
Chez eux l'honneur est sans bonheur.
Cultiver la bourbonnerie,
Qui pour nos cœurs fait les langueurs,
Croit-on cultiver un jardin,
Plein de fleurs ? c'est des pleurs.
Près d'un bourbier d'un air badin,
   Si l'appas l'abat pas ,
Le Roi des fers ne l'échappera pas.

(5) Armée aux armes courageuses !
Soyons d'accords, nous serons forts;
Sur qui nos lois sont ombrageuses ,
Pourtant la mort était son sort.
Quand on craignait qu'il eut péri ;
   Ce butor avait tort ;
Il faut qu'il périsse à Paris,
   Par les lois des bourgeois.
Le Roi des fers va se mettre aux abois.

(6) Le peuple, en liberté, prend du tressaillement,
Chez eux si les Français sont jaloux de l'aimant,

Si un jour je les vois rentrer à force d'armes,
J'irai sur les débris j'y verserai des larmes.
Peut-on le garantir des crimes déchirants,
Faut défendre sur lui l'embuche des tyrans.
L'adresse fait la force au soutien des lois justes,
Venez céder sans tort sans les hommes injustes.
Ma patrie assommée à l'impôt du terrain,
Il vaut mieux fortuner le peuple souverain.
Que tous les rois l'assiègent, soyons sa défense,
Que nul ne donne un piège au lieu de sa naissance,
Sans leur abandonner, allons clairement voir,
Avant que de donner il faut toujours prévoir ;
Car jamais l'honnête homme ne vend sa patrie,
Quel que soit que l'on donne ou que l'on salarie ;
Balançons à céder d'invincibles garants,
Et ne vendons jamais ni pays, ni parents ;
Quand l'un est bon vivant, l'autre veut la souffrance
Vivez dans l'égoïsme et dans votre ignorance,
Voyant qu'ils font commerce de leurs ouvriers,
Adieu donc belles lois, adieu donc usuriers,
Adieu donc belles lois, beau rivage fertile ;
Adieu donc belle ville où la science est facile ;
Venez là, philosophes, chercher des amis,
J'étais l'œil à la porte de vos ennemis ;
Pour frotter un ail doux, en menant la faucille,
Point d'argent sans courroux, d'un fier dans son asile
Là pour mon paiement la hache a préjugé
Pour un roi seulement voudrait battre un sujet,
Tout prêt à recevoir en fixant sa bedaine,
Puis le maire à mes droits soutient le capitaine,
La république a-t-elle rendurci les géants ?
Leurs lois commandent-elles d'avoir des indigents ;
Pourtant cette opinion n'est pas là, il me semble,
En parlant d'un fripon, nous disons bien ensemble :

Air de la Liberté conjugale.

Quand un rabou veut garder sa noblesse,
Chez les fermiers, chez tous les habitants,
Dit: vigneron, donne-moi ta jeunesse,
Père en famille, il me faut tes enfants;
Puis, le ventru en sortant de l'école,
Dit : dans la rue égorge tes parents,
Car c'est écrit dans notre protocole,
Il faut chanter : vivent tous nos tyrans!

Allons, soldat, tu marches sur ton père,
Ne sais-tu pas qu'étant dans le berceau,
Qu'en te berçant, il se disait : j'espère
De toi j'aurai des soins jusqu'au tombeau;
Par noble espoir, il soigne ta jeunesse,
Tu viens plus tard égorger tes parents,
Comptant sur toi pour bâton de vieillesse,
Sont égorgés ou soutien des tyrans.

Un trop bigot en France on le renonce,
Vient un pipeur, pour chanter avec eux,
De remplacer aussitôt il s'annonce,
Sa voix est fière et ses bras belliqueux :
Venez, dit-il, sortez de l'esclavage,
Concitoyens, combattons en fierté,
Et moi j'aurai votre sang pour breuvage;
Français, chez nous tout est en liberté.

Quand on voyait sa mine populaire,
Paris entier, tout lui tendait les bras,
Tout est d'accord, bourgeois et militaire;
Il faut d'abord quitter les embarras,

Les étrangers autour de nos frontières
Se sont rangés ; puis le franc scélérat :
Ne craignez rien, dit-il, nous sommes frères !
Je leur ferai la guerre en choléra.

Les habitants disent : prenons courage,
Faut en tout temps soutenir la splendeur,
Que nul complot ne soit pour son outrage,
Doublez l'impôt, nourrissons la grandeur.
Un pauvre roi, surchargé de famille,
Soutient ses droits en nombreux délateurs ;
Veut marier ses garçons et ses filles,
Voilà pourquoi ils sont déprédateurs.

Il veut de plus de nombreux missionnaires,
Il fit colons, ses amis combattants,
Il craint très fort les révolutionnaires,
Il voit son tort d'être si charlatan ;
Il fait des forts, construit des forteresses,
Il dit encore : exilons les grognards ;
Il veut d'abord des lois très vengeresses,
Il est d'accord de prendre des poignards.

Plus le pays est bon, plus l'on a de souffrances,
Les étrangers sont loin de faire comme en France,
Les uns sont envieux d'aller voter leurs lois,
D'autres plus curieux d'être nul à leurs voix ;
La fable est adorée, opinions repoussantes,
Qu'ils aiment tolérer ces barbes dégoûtantes ;
Et par l'obéissance fait aux rabat-joies,
Pour être bien en France, il faut naître en Savoie.
L'on voit chaque métier dedans chaque patrie ;
L'une aime travailler, dans l'autre tout mendie,
Point de mendicité quand l'homme tient ses droits,
C'est l'art intéressé sous les tyrans adroits,

Il entre décrotteur dans la ville en grand noble,
Rendu cultivateur, montre sa tête ignoble;
Il orne son jardin tout d'un genre de fleurs,
En grande quantité pour diverses couleurs;
Pour des constructions faut l'homme de lecture;
Il est bien bon garçon, connaît l'architecture;
De travailler sans lui bien vîte on le défend;
Son père il instruisit pour faire des enfants;
Craignant qu'un connaisseur raille sous l'esplanade
Dit, qu'un jardin de ville n'est pas promenade;
L'ouvrage à diriger souvent il est braillard,
Il est très estimé, car c'est un savoyard;
Dans toute plantation assure les reprises,
Donne tort aux saisons, étant sèchement prises;
Pour avoir sa revanche accuse le terrain;
Il est moins connaisseur qu'à son plaisir en vin,
C'est à lui le poupon pour la sève saillante,
Pourtant par privation la feuille se tourmente,
Rien qu'une tige aînée est consolation,
Ma rose est au zéphir, hélas! sans aiguillons,
La face désolée et l'œil baigné de larmes,
Le tronc veut me laisser, je n'ai donc plus de charmes?
Blanchi par la rosée aux rendez-vous de nuits,
D'un chagrin sans courroux, jugez de mes ennuis;
Je ne suis plus aimée, ah! chère descendante,
Encore il faut cacher sa passion indécente,
En colère, en douceur, j'ai beau le dégoûter,
Je ne sais plus quoi faire pour l'en détourner;
La débauche au loisir apporte fantaisie,
C'est à lui le plaisir, à moi la jalousie,
Faut laisser sa relique et sa cupidité,
Pour le terrain public à sa virilité,
Ne peut plus arroser sa souffrante pelouse,
Que le sort est mauvais, d'une mère jalouse,

Je vois mon beau minois céder à tous chignons,
Rose n'enviait pas de ces troncs si mignons,
Son beau teint saffrané, le front, le cerveau vides,
De son monstrueux nez les feuilles sont avides,
Ses rouges conjectives, son nerf foudroyant,
De ses maux primitifs il n'est plus prévoyant;
L'on voit toute sa face couverte de rides,
Puis, sa peau est collée à ses os très arides,
Pour sa circoncision, sans doute est au pluriel,
Ses gencives rongées d'effets mercuriels,
L'aliment superflu vient falsifier ses veines,
Son sang est corrompu par ses passions vaines,
Ses vieux jours ébranlés, débauche sans caution,
Que son mets très-léger qu'il prend par précaution;
Souvent l'on voit cela, l'existence pareille,
Doit sa vie à la casse, à la salsepareille,
Sans rival aux travaux pour la sagacité,
Il n'a pas ses égaux dans sa capacité;
Craint la marche de trop, sa fenêtre est propice,
Il ouvre sa croisée, étend son orifice;
Les murailles sous pentes de son excrément',
Seuls, le borgne et le peintre, ah! c'est beau, oui vraiment,
Son ami vient soudain, la cuve est au tirage,
Pour boire, il est sans vin le jour du pressurage,
L'homme en quittant ses fers est rempl de dangers,
Chez nous tout se gouverne au gré des étrangers.

AIR : *Croyez-vous que j'ai tort, puisque je suis*
gentille.

Pour vous chanter la vérité suprême,
L'homme vexé veut se rendre moqueur,
Je veux me taire, et plus fort que moi-même,
Il faut parler un malheureux vainqueur,

Dans ses foyers au milieu des crédules,
Par des pierrots l'on fait son agrément,
Son mérite se paie en Funambules.
Amusez-les, dit le gouvernement.
REFRAIN. Croyez-vous que j'ai tort?
    Dans cette chansonnette,
    L'on dit, chose est honnête ;
    Mes amis, c'est trop fort.

Un combattant, tout couvert de blessures,
En gémissant, regarde l'étendard,
Notre Écossais ne prend plus des mesures,
Il faut marcher au gré d'un savoyard ;
En vérité je veux ranger des odes;
Faudrait ramper et n'être pas chanteur,
Je peux dicter que la loi nous accorde
De punir tous les hommes non menteurs.

Oh ! vous Français, qui cherchez la fortune,
Pour commencer faites-vous savoyards,
Venez en France et montrez l'infortune,
Aux ouvriers demandez quelques liards ;
Annoncez-vous grand homme de culture ;
Allez mains jointes souvent vous ranger,
Et vous aurez travaux des préfectures ;
Car aujourd'hui l'on ne veut qu'étrangers.

Quand dans Paris le bon ordre se trace,
Chacun disait : vive la monarchie !
Mais le désordre veut prendre sa place,
L'on est au bord d'une horrible anarchie ;
La liberté l'on nous promit naguère,
L'on a des fers et non l'égalité;
Et le Français pour trop craindre la guerre,
Se voit mourir sans libéralité.

Si parmi nous le courage s'offense,
Si les Français ne prêtent leurs soins,
Les Étrangers viendront peupler la France,
Soit la Russie, la Prusse ou les Bédouins.
Gare à nos os, les fers et l'esclavage ;
Si l'autre-chien vient pour nous enchaîner,
Si par complot il forme l'esclavage ;
C'est la charrue qui nous reste à traîner.

De réclamer ses droits la peuplade est peureuse,
Laisse à d'injustes lois, la France malheureuse ;
Si l'homme en légitime, se fait chansonnier,
On l'enchaîne de suite, on le rend prisonnier.
Heureux quand l'ignorance d'un garde-barrière,
Ne punit pas ces gens des fins de leur carrière,
Passant de main en main, l'arsenic sans trembler,
Par ordre souverain cela peut l'étrangler ;
On l'étouffe sans bruit, on l'accuse culpable ;
Disons qu'il s'est détruit, preuve qu'il est coupable ;
De suite on publie qu'il est mort sans jugement,
L'on juge l'ouvrier toujours facilement.
On dit au tribunal l'apparence importune :
Il est bien condamnable, il n'a pas de fortune ;
Puis le juge sourit, la plume dans ses mains,
Disant : montez pour lui l'abattoir des humains.
Le sang dans un bassin, et l'homme populaire
Viendra prendre soudain sa douche salutaire ;
C'est là, pleins d'un délire où ils sont glorieux ;
Lorsque sur la victime ils sont victorieux,
Ils arrachent l'argent des bras francs et dociles,
Profitent de leur temps, tant qu'il leur est facile ;
Le crime est toléré, on enrichit les rois,
L'on meurt secrètement de réclamer ses droits !

A moins qu'un déchaîné de naissance lointaine,
Nous vienne gouverner; la chose est bien certaine,
Que dans notre patrie il sera préféré ;
Car pour être soumis rien mieux qu'un déferré ;
Mais quand le libéral doit marcher par ses ordres,
Pour certain lui mettra son esprit en désordres.
Rien de plus orgueilleux qu'un traître parvenu,
Par sa face mielleuse et souvent soutenu,
Et quand la liberté le porte à la licence,
Se croit de gouverner la loi de son enfance ;
A son incongruité le peuple est obscurci,
De gruger l'ouvrier voilà tout son souci.
Laissons tous les escrocs dans leur fainéantise,
Après la fourberie on trouve la franchise ;
Je franchis sans remords ce pays alpineux,
J'oublie en philosophe les esprits épineux ;
Je fixe tour à tour des monts, des cavités,
Des montagnes partout presque inhabitées.
Dites-moi, ces rochers ne sont-ils pas fertiles?
La force des impôts les a rendus stériles.

Air de Ma Normandie.

Quand d'un rocher la neige blanche,
Découvre son crâne mousseux,
Ses habits tombent, l'avalanche
Dépouille son cadavre osseux,
Et le soleil se fait modiste,
L'été brodeur de ses contours,
Le curieux, le botaniste,
Des matinées trouvent les instants courts.

Au sein de nature éternelle,
Sont de lucides courtisans,
Contre une masse maternelle,
Viennent lancer leurs yeux luisants ;

Sur cette masse hétérogène,
Les hétésiens font les secours,
Tout vit, tout croît, tout vient sans gêne,
Par les ingrats captivés sans recours.

Laissons la bergère aux savanes,
Faisons des bois marécageux,
Des lieux propices pour les fanes,
Et les marais plus fourrageux;
Que par nos bras ces rochers rendent,
Tout peut servir à nos caveaux,
Ces monts stériles nous attendent,
Pour enrichir nos plus nobles travaux.

Des rochers les sommets sauvages,
Ne sait-on pas fertiliser?
L'eau qui mugit dans les rivages,
Veut par nos bras s'utiliser;
Il faut aider à la nature,
C'est l'art d'anéantir nos maux,
Rendons la plaine à la pâture,
Passionnons-nous pour ces nobles travaux.

Sortez pour le froment tout le pampre des landes,
Pour le roc en balan qui attend ses guirlandes.
Faut-il donc que j'enseigne aux hommes éclairés,
Que le jus peut se faire aux pays tempérés;
Sur tous les monts de France la vigne peut faire,
Mieux que dans la province l'arbre oléifère,
Des hivers dans le Var, Hyères, jamais en deuil,
L'on prendrait ce climat pour l'été de Montreuil.
Des murs sont redressés, là rien ne lui étrange,
Au lieu des porte-pêches des portes-oranges.
Une verte Zônée a ses protections,
La terre est couronnée à ses professions.

C'est donc dans cette enceinte où il naît tant de fleurs
Où j'ai vu que Paris extirpe les couleurs.
Dans ce riche climat radouci par les ondes,
Tout germe rendurci rend les graines fécondes.
Le pollen favori se repose en passant,
Sur l'ovaire et sans lui point de germe naissant;
Puis le vent protecteur l'arrache de l'enterre,
Et le rend bienfaiteur pour reverdir la terre.
L'homme , de tous les fruits récolte sans toiture,
En laissant les travaux aux soins de la nature.
S'il viennent sans soigner, profit du débiteur,
Qui n'a nul intérêt de tromper l'amateur.
L'on y voit de huit jours la beauté parallèle,
Sur les fleurs, son amour est l'idée éternelle,
La science est rarement bien profonde sans goût,
Heureux qui s'y passionne et qui tient le bon bout.
A la protection ni même à la richesse,
L'on ne doit pas toujours son talent, son adresse.
Les hommes en naissant tombent dans le trésor,
Blamer je fus souvent d'un esprit riche en or.
L'habitant parisien est donc dans l'ignorance,
Il n'a pas la verdure, il peut la concurrence.
Malgré tous les concours que je peux enseigner,
Hèyres sera toujours notre premier grenier.
Êtes-vous curieux d'aller voir la verdure ?
Pour contenter vos yeux, lisez cette aventure ;

     La nuit, dormant, mon esprit plein de zèle,
     Pour moi veillant il était bienfaiteur;
     Et dans les airs je m'envolais sans ailes,
     En m'enfuyant de mon persécuteur ;
     Moi, peu sensible à ce présage,
     J'avais réchappé du chasseur,
     Le jour allant dans le rivage,
     Là le pêcheur craint les loupeurs,

Dans sa frayeur il avait peur,
D'être sauveur d'un grand trompeur ;
Je vois en mer où des vertes lanières
En noir déserts se dessinent aux cieux.
Là, l'hiver, aux journées printanières,
Les colore de parfums délicieux ;
Le charme pour moi trop habile,
J'ai suivi l'idée à mes yeux ;
Et la nuit fut pour moi subtile.   Là, etc.
Pris par les ondes, parmi les broussailles
Où la nature terrassait mes jours,
Le tonnerre y chantait mes funérailles,
Et les éclairs me gardaient en séjours.
Poussé de terribles orages,
Mes pas me gouvernent toujours,
Le corps sur d'acerrants feuillages.   Là, etc.
Apres rochers que vos flancs sévères,
Vous qui protégez ses fruits succulents :
M'entendiez-vous aux seins de ces lanières ?
Pour me vomir de ces vents turbulents ?
      Je vois ma vie terminée,
Sur les rives des flots roulants ;
        Pêcheurs! changez ma destinée. A moi, etc.

Lorsqu'un éclair me montre une nacelle,
Près de marcher où mugissaient les eaux,
Mes pieds, mes jambes, mes genoux chancèlent
Sitôt se rangent dans les arbrisseaux;
Fixant la maison batelière,
N'ayant pour guide qu'un roseau,
Je tends des cris sur la lumière,
A moi ! pêcheur, soyez sauveur:
Un voyageur n'est pas trompeur ;
Venez sans peur, et sans frayeur.

Sous les plus mémorables moments du danger,
Pour l'instant déplorable, un oubli va changer.
Avançant, reculant, de frayeur et de crainte,
La commotion fait là sa véritable empreinte ;
Quel est le curieux qui ose balancer,
La visite si belle, ou l'esprit veut lancer ?
Non, jamais l'envieux des dignes connaissances
Ne refuse à ses yeux séduits des apparences.
Ici les volontaires vivent en plein air,
Dans le nord renfermés presque sans y voir clair.
A l'écrit honorable ils ont fait la fortune,
Cet endroit admirable en conserve plus d'une ;
L'honneur d'un négociant déjà nous l'a prédit.
Moqué par l'ignorant qu'il ne sait ce qu'il dit :
La tonnelle paraît garantir sans ombrage
L'ami de la culture et l'ami du langage.
Parlons bien, parlons sûr en trouvant Mont-pilier,
Autour d'une chapelle on trouve l'écolier ;
C'est des hommes de lettres mieux de la culture,
Qui cherchent de connaître la température.
Le génie malfaiteur rit de ce remédiant,
D'être honteux près de lui d'un confrère ignorant.
Tantpis, si l'habitant un flaneur salarie,
Qui change son état quand la saison varie ;
La rapine est pour eux le premier des recours,
Vont chez la Climatite emprunter des secours.
De hameaux en hameaux, villages en villages,
L'apparence aux escrocs fait pâlir les visages.
Les honnêtes passants l'un sur l'autre craintif,
L'un par l'autre au défi sans dire le motif.
L'aubergiste à son tour craint que l'on le balotte,
Renvoie un voyageur vêtu sans redingote.
L'orgueilleux indigent vient souvent les duper,
Car pour être bien vu, est forcé d'usurper.

Franchise sur bon cœur chacun garde sa doute,
Je préfère être seul à poursuivre ma route.
Quand l'élève s'est fait adroit, bon, curieux.
Toulouse est entier sur lui très envieux.
Lorgueilleux directeur au carré botanique,
Tient sa porte fermée à l'étude publique.
J'apprends plus des Préfets la culture à des croix,
Le témoin de l'Arriège aux victimes de Foix.

Air : *Déjà la brise du matin, etc.*

Flore a choisi des courtisants
Parmi les paysans pour dicter son langage,
Les parasites des bureaux,
N'iront plus dominer sur les hommes ruraux;
Ils vont cesser d'élancer leur outrage,
Contre leurs nourriciers, d'abrutir l'indigent,
Pour extirper le négligent.
Travaillez prudemment en confrères fidèles,
C'est à nous d'ôter du néant
Cette science si belle.
Jardiniers, laboureurs,
Hâtons-nous, il est temps de quitter les erreurs.

D'Angers je chanterai l'appui
En disant que pour lui le courage est utile;
Allez aux champs semer des fleurs
Et des peuples entiers vous sécherez les pleurs.
La terre attend pour se rendre fertile.
La nature aspirante veille à nos exploits,
Ho ! vous qui attendez ses lois,
Sachez de tout narquoi préserver les orages,
La plume a partout ses emplois
Et partout ses ravages. Jardiniers, etc.

Venez, amis, cultivateurs,
De tous conspirateurs arrêtez la disette,
  L'homme est souffrant dans sa maison,
D'une faim dévorante accuse la saison.
  A l'infamie apportez la défaite,
La nature à nos bras cède pour tous les rangs,
  Forcé d'obéir aux pédants.
Faut être silencieux, le bonheur se recule ;
  Chez nous le nombre des tyrans
  N'est rien qu'un ridicule. Jardiniers, etc.

Sans nombre des littérateurs,
Près des cultivateurs deviennent monotones,
  Pourquoi voyons-nous donc en vain
Des rustres ouvriers obéir l'écrivain ?
  Il court les champs, la plume nousquestionne,
Formant un manuscrit pour être bienfaisant,
  Écrivant les mots d'un plaisant,
Ah ! dit le paysan, vous êtes très utile :
  Semblable à des flots rugissant
  Dans la plaine fertile. Jardiniers, etc.

Sur nous, amis de tous les arts,
Étendez vos regards, soutenez la culture,
  Que l'homme du sang savoureux,
Ne puisse plus nous dire un peuple est trop nombreux ;
  Encouragez l'amant de la verdure,
Et vous verrez la terre obéir à ses soins ;
  Le despotisme est sans besoins,
On l'a vu autrefois se montrer populaire,
  L'absence de ces inhumains
  Serait très salutaire. Jardiniers, etc.

Amour, amour, amour, viens te rendre vainqueur,
Arrête le désastre et finis la langueur.
C'est à toi sur l'orgueil à fermer ta barrière,
A tout jeune dandy méprisant sa carrière.
Donne ici l'amitié, apporte le miroir
Qui doit les éclairer pour mettre le pouvoir,
D'augmenter les produits dans les champs, dans les caisses,
En fuyant pour l'appui tout homme sans justesse.
Adoptant l'égoïste tu fais réfléchir
Un homme qui se voit capable à t'enrichir.
Tu dois donc éplucher, chez tes mutualistes,
Ceux qui pour ribotter sont écoliers duélistes ;
Que chez eux l'ouvrier au moins ne souffre pas ,
Comme ont dit les Rouennais : Nous avons des soldats.
Les travaux du troupier font leur gastronomie,
Le pain que l'on lui donne est notre économie.
Voulant voir les campagnes de France à tout bord,
En suivant mon envie on me dit dans le nord :
Comment vous occuper nuit et jour à l'ouvrage?
Et je vais me coucher, l'appétit en courage.
Faut au Roi notre argent, me disent les Artois,
L'on est pour lui souffrant, et l'on dit : c'est les lois.
Les maires sont vexés de la passion bachique,
Comme partout misère est au bord de Belgique.
Des enfants près de moi voudraient un petit liard,
Vais-je donc retrouver le peuple savoyard ?
L'homme en me saluant perd tout son équilibre,
Bien mieux vaut la Provence à la parole libre.
Le midi rarement gouverne des liqueurs,
Le nord de ce liquide falcine leurs cœurs ;
Puis l'effet du tabac couvre la carrelade,
D'un pouce de crachat dégoûtante peuplade.
Ils se traînent, se roulent parmi leurs chenils,
Et l'on voit dans ce goût bien des faibles esprits.

C'est à quoi j'attribue la débauche et j'accorde
Que la science et l'ivrogne souvent en discorde.
L'on doit donc au tabac, quelque gens de dégoût ,
Qui distrait leur esprit, évacue un bon goût.
C'est pourquoi sont privé des plus nobles couronnes,
Quoi que peu de Cités, pourtant elles sont bonnes.
Dans toutes les campagnes le peuple est privé,
L'on triple les impôts pour qu'il soit captivé ;
Et dans la capitale on voit au labourage
Des nombres de soldats et l'on n'a pas d'ouvrage

Es-tu notre soutien, nous mets-tu au rebut ?
Allons ! nous caches rien, dis-nous là ton vrai but,
Si tu es notre ami je t'attache à ton trône,
J'embellis la patrie, enrichis la couronne ;
Mais ! veux ce que je veux, je ferai à l'instant
Tous les hommes heureux , tout le peuple content.
Aimes tout le bonheur et que rien ne te fâche ;
Si jaloux du bien-être, je brise l'attache ;
Mettons donc en pouvoir l'étude à l'ouvrier,
Riche esprit, basse classe, enrichi ton métier ;
Tous les littérateurs nous abrègent l'ouvrage ,
C'est à nous d'animer notre esprit de courage ,
Si personne l'augmente pour l'utilité ;
Que deviendra le peuple de faim irrité ;
Pour en arriver là la culture est facile,
N'accusons que les lois, la nature docile.

Air de la Leçon de valse du petit François.

Enfants de Paris, sous les faux écrits,
L'impôt nous fait des varennes ,
Mettons à l'abri de ces gros labris.
La justesse souveraine.

—Fiers nationaux que j'enchaîne,
Défendez-moi, je vous fais foi,
De vous lancer dans la fortune.
Le peuple voit la fausse loi,
Jugez pour moi quelle amertume ;
Venez à mon secours.
—V'lin v'lin v'lin v'lin v'lin v'lin v'lin v'lin.
—Aux armes, bat tambour,
Venez pour défendre la Cour,
Le bas peuple conjure de finir sa torture.
—V'lin v'lin v'lin v'lin v'lin v'lin v'lin, de peuple,
De souffrir tu beugles, tu dois vivre aveugle.
C'est là notre inclin,
Il faut que tu marches, et si tu te fâches,
Notre canon crache au son du crincrin.

—Vois donc à genoux craignant ton courroux,
Que les campagnes fléchissent,
Sois donc de bon cœur, car c'est une horreur ;
Quand les provinces frémissent ;
Contre eux tes soldats rugissent,
Par amitié ou par pitié,
Changes donc ta mélancolie,
Le peuple entier vient te prier,
Jusqu'à tes pieds il s'humilie,
Sois donc humain pour nous,
—Non non non non non non non non.

—Ah ! de tes affreux goûts ;
Déjà la faim s'étend partout,
Ah ! grand dieu que j'endure,
Finis donc ma torture,
—Non non non non, je tiens l'esclavage,

J'en veux faire usage dans mon arrière âge ;
  C'est mon opinion ,
Je veux dans la France, par ma prévoyance,
Couper la licence comme un franc Bourbon.

 Au large bandeau du peuple badeau
 ' Je dois mon bien, ma couronne,
Et les nationaux , pauvres dindonneaux ,
 Me conservent sur le trône ,
 Sans prévoir ce que j'entonne ;
 De tous Français, qui sont si niais,
 Je veux payer le vrai mérite ,
 Sur le tracé des Polonais
 Cette tristesse m'hilarite ,
 Je vois couler les pleurs ;
 Bon bon bon bon bon bon bon bon.
 Le peuple est dans l'erreur.
 Bientôt pour moi naîtront des fleurs ,
 Chacun prend des mesures ,
 Pour grandir leurs tortures.
 Bon bon bon bon.   Je tiens, etc.

—Si tes grands désirs fixent les martyrs,
 Qui t'ont fortuné l'an trente,
 Tu ferais venir au lieu de bannir
 Ce grand homme que l'on chante,
 L'approche en serait touchante.
 —Non mes amis, car à Paris,
 Son âme des cieux peut descendre
 Viendrait sans bruit sur les débris,
 Et pourrait ranimer ses cendres.
 Ah ! Que me dites-vous ;
 Non non non non non non non non,
 Quel serait son courroux ;

De vous voir si malheureux tous,
—Dans une île lointaine
Sa mort est trop certaine,
—Bon bon bon bon, il n'est plus en vie,
Selon mon envie je tiens pour la vie
Son peuple enchaîné ; la foule recule,
Son corps fait bascule, de joie en circule,
Mon sang effréné.

Robespierre échappa trop des loups de grosseurs.
S'il ne les connût pas ce fut bien nos malheurs,
Ce temps égalisait le pauvre à la noblesse ;
Mais l'église à présent ramène la molesse.
L'on a des belles lois chez les peuples chrétiens ;
L'homme paie des droits pour faire place aux chiens,
Et aux chevaux de luxe, afin que l'opulence
Puisse mieux conserver le pauvre à l'ignorance.
Du roi et des clergés pour faire consentir,
La moitié sont soldés pour nous anéantir ;
Et dans les ateliers ils vont tendre des pièges
Pour attirer des bras dans les routes de siéges,
En disant doucement : Nous brûlerons Paris,
Nous vivrons étrangers en quittant les débris.

Air du Curé de Pomponne.

Enfin le monde est tout broyé ,
Pour faire friandise,
Faut-il qu'un infernal gosier,
Soit pris de gourmandise !
Si c'est nos fibres que l'on veut,
Pour lui faire des tourtes,
Pour son repas délicieux, n.. de D...,
Qu'il mange tout' nos croûtes.

C'est lui qui fait le marmiton
  A la parisienne,
Du sang il en fait son bouillon,
Pour sa gueule vaurienne,
  S'il continue, certain sous peu,
  Lui et son écaillère,
Ils mangeront le pot au feu, n.. de D...
  Jusqu'à la crémaillère.

  Croirait-il d'avoir pour soutien
  La garde belliqueuse,
  Lorsque les soldats africains,
  La rendront curieuse?
  Croirait-il que c'est ses beaux yeux,
  Que chacun félicite;
Ils s'aimeraient donc malheureux, n.. de D...,
  Qu'il se ravise bien vîte.

  Ils le trouvent plutôt mesquin,
  Dedans sa tyrannie,
  De venir comme un arlequin
  Pour gruger la patrie.
  Qu'il f.... le c... il fera mieux,
  On vivra plus tranquille ;
Qu'il ne revienne pas mettre en feu, n.. de D...,
  La campagne et la ville.

  Air : *Le Printemps ramène des fleurs*,
    ou *Passant près d'un cimetière.*

Français aux pieds d'une colonne
Prêtez l'oreille à des soupirs;
Vous entendrez Mars et Bellonne;
Et les regrets des grands martyrs;

Bravant la mort et la détresse,
Cherchant l'égalité des lois,
Des Tartuffes firent promesse,
Et nous les violent mille fois.

Relevez-vous, nobles victimes,
Prêtez le courage puissant,
Que faites-vous dans ces abymes ?
Vous avez versé votre sang !
En cherchant de briser nos chaînes
Vous avez redoublé nos fers.
Et préféré la mort sans peine
Aux maux qui nous étaient offerts.

Pour le prix de votre vaillance
Vos noms sont brillants à nos yeux ;
L'univers surveille la France,
Et nos caffards sont avec eux ;
Venez, amis à la victoire,
Faut recommencer de nouveau
Si des faux nous chantent la gloire,
Lisons leurs fronts et leurs cerveaux.

Dans les airs le génie élance,
Le flambeau des lutteurs d'emplois :
Qui osent placer la balance,
Aux pieds de nos fiers coqs gaulois ;
Génie ! arrêtes ta lumière,
Et retiens ta célérité,
Si tu veux parcourir la terre,
Retardes pour la vérité.

Les fers qui dans ses mains se brisent,
Marquent souplesse pour nos jours,
Quand nous souffrons des simples rises.
Corrompus par des faux atours ;
Grand Dieu faut aux yeux du civique
Laisser sculpter des faux appas ;
Narguent monument scientifique,
Du prix du sang hors de nos bras.

Pour nous le bronze se prépare,
Pour animer nos bras vengeurs ;
Que la prudence nous sépare
Tous les cœurs droits des égorgeurs ;
Éclairez la garde champêtre !
Purgez-la de ses corrupteurs ;
Cherchez à la faire connaître,
Que d'elle dépend le bonheur.

Air : *Mon pauvre chien ne me quitte jamais.*

Des artisans admirons la prudence,
Pour discuter craignant gêner les dieux,
Ces dieux jaloux cherchent la décadence,
Leurs saints aux champs courent frapper sur eux ;
Férocement vont des ex-gendarmes :
Le maire-d'eux dit : arrêtez à vos choix ;
La loi l'ordonne, faisons des alarmes,
Courons aux crimes pour gagner la croix.

Municipaux, arrêtez vos outrages ;
Quoi ! voulez-vous anéantir les arts ?
Quoi ! vous joignez l'infamie au courage !
Sabrant vos frères d'écarts en écarts.

Oui , vous jugez la prudence en molesse,
Mais la justesse à son tour renaîtra ;
Et dans nos cœurs nous notons vos bassesses ;
Le ciel est juste et vous en punira.

Enfin sur eux la jalousie est nette,
Maire un, maire-d'eux cherchent à les saisir ;
Quand un syndic, ouvrier très honnête ,
Tire un écrit pour montrer leurs desirs ;
Malheur à nous si de la bande rousse ,
Si l'intérêt les rend secrets mouchards ,
Ils craignent donc qu'un héritier nous pousse,
Amis, prudence, fuyons leurs poignards.

Du sang vainqueur on vole l'héritage ;
Du prix des pleurs on enrichit l'État ,
Du travailleur on forge l'esclavage,
Du rapineur on cède à l'attentat,
Du fond du cœur, Français, chantons sans cesse
Que la justesse à son tour renaîtra,
Que l'esprit droit dénote leur bassesse ,
Le ciel est juste, il les en punira.

J'ai vu gémir un lion dans ses chaînes ,
Je vois fléchir un Pas-ris pour ses liens,
Je m'aperçois des souffrances prochaines,
Je sais frémir de tous ces entretiens ;
Je peux vous dire de chanter sans cesse
Que la justesse à son tour renaîtra ;
Je suis d'avis, dénotons leur bassesse ,
Le ciel est juste, il les en punira.

Vive la loi, mais pour sauver la France,
Vivent les forts à six lieues de Paris !
Vivent les bras qui sont pour sa défense !
Vive le sang qui dicta ses abrits !
Vivent les arts et les sciences, sans cesse !
Vive l'artiste qui s'éclaircira !
Vivez encore, ennemis des bassesses !
Vive le brave qui les punira !

FIN.

www.ingramcontent.com/pod-product-compliance
Lightning Source LLC
Chambersburg PA
CBHW060641100426
42744CB00008B/1710